中古マンション本当にかしこい買い方・選び方

USED APARTMENT

針山昌幸 Hariyama Masayuki

日本実業出版社

はじめに

今、中古マンション市場に熱い視線が注がれています。

新築マンションは資材や人件費の値上がり、マンション用地の仕入れ競争の激化により販売価格が高騰し、完全な割高になっています。そこで、価格がよりリーズナブルな中古マンションを求める人が増えているのです。中古マンションの一番のメリットは、自分らしいライフスタイルを実現できるということです。新築マンションは、ある程度の広さの空き地ができない限り新しい物件が立つことはありませんが、中古マンションはいろいろな場所で売りに出されます。

自分が住み慣れたエリアや憧れのエリアで、駅からの距離が近く利便性の高いマンションを手頃な値段で買える可能性が高いのが、中古マンションの魅力なのです。

アメリカ、ヨーロッパでは中古住宅を買う人が多数派で、全体の8割以上を占めますが、日本はまだまだ中古住宅市場が未成熟で、全体の2割弱の人しか購入していません。

しかし、若い年代を中心に「中古のマンションを購入してリフォームし、自分らしいライフスタイルを手に入れたい」という層が確実に増えているのです。

何百戸が同時に販売される新築マンションとは違い、中古マンションはそれぞれがいわば〝一点物〟です。立地条件、築年数、周辺環境、間取りなど、どのマンションもそれぞれに特徴を持っています。

中古マンションの価格は売主に決定権がありますので、お宝物件から割高な物件まで様々です。また新築マンションと異なり、公開される情報にもバラつきがあります。

一体どうすれば自分の理想のマンションを手に入れることができるのでしょうか？

本書では、マンション選びで失敗しないためのポイントから、お宝中古マンションの見抜き方、あるいは住宅ローンの上手な組み方、リフォームの注意点まで、プロの眼から見た住まい探しの重要ポイントを徹底的にお伝えしたいと思います。

あなたの最高のマンション探しに、ぜひお役立ていただければと思います。

２０１５年３月

針山昌幸

中古マンション本当にかしこい買い方・選び方●目次

第2章　自分だけのお宝マンションを見つけ出す！

第3章　とっても大事なお金の話

第4章　理想のマンションを確実に手に入れる方法

第5章　保険と税金のポイントを押さえる！

第6章　最高のリフォームをするために

装丁◎EBranch　冨澤崇
本文DTP◎一企画

本書記載の情報は特にことわりのない限り、２０１５年２月末日現在のものに基づきます。

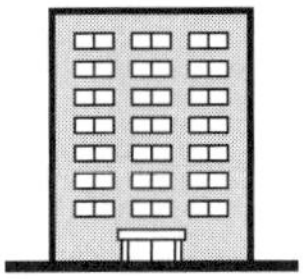

第1章

マンション選びで失敗しないために

欠陥マンションを購入しない方法

中古マンションを購入する際の注意点はいくつかありますが、一番気をつけたいのが、購入したマンションが欠陥住宅でないかどうかということです。

新築マンションでは、マンションが引き渡されてから建物に欠陥（専門用語で「瑕疵《かし》」といいます）があることがわかった場合、売り主の不動産会社・ディベロッパーに対して無料で修理することが義務づけられています（瑕疵担保責任）。

ところが中古マンションでは、売り主が不動産会社の場合は同様の2年間の保証がついてきますが、もし売り主が個人の場合はこの保証はついていません。その場合は、売り主と結ぶ契約書の中で別途、保証期間を決めることになります。期間は最長で6ヶ月以内となります。

こう聞くと「やっぱり中古マンションを購入するのは危険だ！」とお考えになるかもしれませんが、実はそうでもありません。

新築マンションの営業マンも、よく「安全面の観点から中古マンションはお勧めできません」などと言いますが、しっかりと次のような対策を取ることで中古マンションを安心して、かつお得に購入することができるのです。

対策1　ホームインスペクションを実施する

ホームインスペクション（住宅診断）とは、マンションに欠陥がないかどうか、専門の会社がチェックしてくれる制度です。

中古住宅を購入する人が多数派のアメリカでは、中古住宅を購入する人の9割程度がこのホームインスペクションを実施しています。

ホームインスペクションでは第三者の視点からマンションの構造、耐震のレベル、雨漏りなどの欠陥、修復した方が良い点などを、非常に細かくチェックしてくれます。あくまでも第三者の視点に立ち、売り主側に偏らない客観的な確認をしてくれます。

またホームインスペクションを実施することで、「フラット35」（131ページ参照）の住宅ローンを借りることができたり、いろいろとメリットがあります。

注意点としては、一言でホームインスペクションと言っても、実施する会社によってその内容や確認の基準が異なる点です。ホームインスペクションを依頼する際は、どんな資格や経験を持った人が、どのような基準で何を行ってくれるのかを確認するようにしましょう。ホームインスペクションの詳しい内容は第2章（68ページ）でお伝えします。

対策2　瑕疵保険を利用する

瑕疵保険は2010年に導入されたばかりの新しいサービスです。瑕疵保険を使うことで、マンションの売り主が個人であっても最長で5年の保証をつけることができます。

瑕疵保険はホームインスペクションとは別の専門機関により提供されています（住宅瑕疵担保責任保険協会　http://www.kashihoken.or.jp/）。

瑕疵保険に入るためには、購入しようとしている住宅が同協会の検査に合格する必要があります。ホームインスペクションと同時に、購入申し込みをした売買契約前のタイミングでこの検査を実施することをお勧めします。

万が一、瑕疵が見つかったら、引き渡し前に補修してもらう必要があります。費用として検査料と保険料を合わせて15万円前後かかりますが、ぜひ瑕疵保険に加入しましょう。

さらに、瑕疵保険に入っておくことで住宅ローン減税を受けることもできますので、ぜひとも利用したい制度です。

マンションの住環境には要注意

中古マンションの購入注意点として、周囲の環境が挙げられます。実際に暮らしてみたら思っていたような住環境ではなかった、ということが結構あるのです。

これは特に、営業が強い不動産会社から購入した場合に見られます。営業マンは住宅を売り、手数料を手に入れるのが目的ですから、基本的にその住宅の悪い点を指摘したりすることはありません。そして買い主にいろいろと検討する時間を与えずにスピーディーに購入してもらうために、マンションの住環境を見せる時間をあまりもうけないのです。

しかしマンションを購入する場合、マンションの建物自体や値段が重要なのはもちろんですが、「どのような住環境か」ということがとても大切です。実際に生活を始めれば、四六時中、マンションの部屋の中にいるわけではなく、外出して買い物に行ったり、散歩をしたり、子供の通学など様々な活動を行います。こういった活動を含めて「生活しやすいかどうか」を決めるのが、住環境なのです。

営業マンにマンションを案内されるがままになっていると、周辺の環境を検討する時間を十分に確保できないまま契約、ということになる可能性があります。

「このマンションがいいな」という物件が見つかったら、ぜひ別の日程を組んでマンション周辺の住環境をリサーチしてください。

リサーチのポイントは、大きくは次の3点です

1．生活に必要な施設までの道のりを歩いてみる

最寄り駅からマンションまでの道のりを歩いてみたり、近くのスーパー、子供が通うことになる学校までの道などを実際に歩いてチェックしてみましょう。そうすると、以前は気づかなかったことがたくさん見つかるはずです。

通学路は交通量が多くて危険だった。近くに雰囲気のよい公園があって、子供を遊ばせることができそう。大きいスーパーはないけれど、商店街の品揃えが豊富で買い物は便利そうだ……。こういうことを知っておくことで、具体的な生活をイメージすることができるようになります。

2．時間帯をずらして現地を見る

エリアによっては、朝と夜でまったく雰囲気が異なる場合があります。

営業マンに案内されたときは静かな住宅街という雰囲気だったのに、朝になると横の配送所にトラックがバンバンやってくる。隣が学校で、平日に来てみたらとてもうるさかった……。

このように時間帯によって見えなかったものに気づくことがありますので、ぜひ確認してみてください。

さらに、実際にチェックするのは難しいかもしれませんが、天候や季節によって、異なった様相を見せるエリアもあります。

雨が降ったら、雪が降ったら、あるいは真夏だったら、真冬だったら、といったことを想像するだけでも、見過ごしてしまいがちな点に気づくことができます。

3．近所の人に聞き込みをしてみる

中古マンションの場合、マンション内のコミュニティだけでなく、近隣地域のコミュニティが形成されているケースが多いでしょう。

購入を検討しているマンションの周辺を歩きながら、勇気を出して近隣住人に話しかけてみることをお勧めします。

「すいません、この近くに引っ越しを考えているのですが、暮らし心地はいかがですか？」と話しかければ、親切にいろいろと教えてくれるはずです。

住宅には「変えられる部分」と「変えられない部分」があります。部屋の中の設備や間取りは変えることができますが、住環境は一度マンションを購入してしまえば変えることはできないため、慎重になる必要があります。

パンフレットや営業マンの情報からだけでは、なかなか本当の「住環境」を知ることはできません。できる限り自分自身の目で実際の生活「環境」を確認することが大切です。

マンションチラシに騙されない！　チラシの裏を読む方法

一般に商品を売るときは、商品そのものではなく「イメージを売れ」とよく言われます。商品そのものの機能ではなく、その商品を使うことによってどのように生活が便利になるかを、買い手にイメージさせて商品を購入してもらおうということです。

マンションなど住宅の広告も、まさに「夢の新生活」をイメージさせる工夫が随所にちりばめられています。つまり、買い手が気をつけなければならないのは、マンションを購入した後に「思っていたのと違う！」という状況になってしまうことです。

例えば「駅距離が近い」というキャッチコピーは「周りが商業地域でゴミゴミしている」という状況の裏返しかもしれませんし、「大通りが近く、利便性抜群！」というキャッチコピーは「車の通行量が多く、排気ガスがキツい」というエリアかもしれません。

キャッチコピーに踊らされることなく、自分の目で確認することが重要です。

不動産広告で錯覚しやすいポイントとして「駅距離」の表記があります。
不動産の広告は「実際に歩いてかかる時間」ではなく、1分＝80メートルというルールで表記されています。同じ80メートルでも、平坦な道なのか、坂道なのかで所用時間は異なるでしょう。さらに、距離は「駅の改札からの距離」ですので、乗り継ぎが理由で、改札とは反対側の駅のホームを使わなければ行けない場合、余計に時間がかかったりするものです。

地下鉄の場合は、「地上の出口からの距離」になっています。東京メトロの大江戸線など、最近できた地下鉄は、いままでの地下鉄よりもさらに地下深くを通っていますので、電車から地上の出口に出るまでやたら時間がかかったりします。

大規模マンションの場合も、敷地の入口までの時間で駅距離が表示されています。購入予定のマンションが敷地内の奥にある場合も、不動産広告の表示よりも時間がかかるので要注意です。

不動産チラシのエリア名称にも注意が必要です。

「銀座○○マンション」などという名前の場合、「銀座が最寄り駅なんだ！」と考えがちですが、実際にはギリギリその駅が徒歩で使えるという場合が多いのです。

エリア名称は最寄り駅ではなく「いかに響きがいいか」という視点で決まっていますので、注意してください。

シングル・DINKS向けのマンションは買っても大丈夫？

最近では、シングル・DINKS《ディンクス》向けのマンションが多数売りに出ています。シングル（単身者）向けとしては、働く単身女性に狙いを絞ったマンションなども人気です。DINKSとは「Double Income No Kids」の略で、夫婦共働きで子供がいない世帯のことを言います。

昔はマンションを購入するのはファミリーが多かったのですが、最近ではこの「単身者《シングル》」「夫婦共働き世代《ディンクス》」向けのマンションが数多く販売されているのです。広さは30～40平方メートル程度あることが特徴です。

こういったマンションを購入する場合、将来のライフプランについてよく検討することが重要です。基本的にシングル・DINKS向けのマンションを購入するなら、そのマンションに住み続けることが望ましいと言えます。というのも、この種のマンションを売却しようとしても、なかなか売れないケースがあるからです。

一般的に、不動産市場ではワンルームとファミリータイプの流通量が多いので売買がやりやすい傾向があるのですが、シングル・DINKS向けのマンションの場合、需要も限定的なため理想の価格で売れないことがあるのです。

シングル・DINKS層は仕事を持っていて多忙な人が多いので、そのタイプのマンションを購入する場合は、通勤のことを考えて駅へのアクセスがよい駅近の物件を選ぶのがポイントです。


シングル・DINKS向けの分譲マンションで気をつけたい点は、そこに住み続けるとすると、将来、生活しにくくなるケースが多いということです。シングル・DINKS向けマンションの場合、結婚したり、子供ができて家族が増えることでマンションが手狭になり、住み換えをしてマンションを賃貸に出すオーナーが増えてきます。

マンションを賃貸に出すオーナーは管理組合の会合に出ないことが多いので、大規模修繕などマンションとしての大きな決定事項が決まりづらいというケースがよくあるようです。

また賃貸で借りている人と、分譲で購入している人で、ゴミ出しや、駐輪場のモラルが異なり、トラブルになるケースもあります。

私はいつも、シングル・DINKSの人であっても、せっかく購入するのであれば、シングル・DINKS向けのマンションではなく、ファミリー向けマンションを購入することを勧めています。

ファミリー向けマンションは基本的に50平方メートル以上の広さがあるので、住宅ローン控除など様々な税制の優遇策を受けられます。

また将来、子供が生まれたときも、そのまま住み続けることが可能です。

万が一、売却する際も、ファミリータイプは需要が大きいため、比較的容易に売却することができるのです。

ペットがいるなら要注意！ ペット禁止のマンションは本当にペットNG？

犬や猫など、ペットは大事な家族の一員だという人が増えています。

中古マンションを探していると「ペットを飼うのはダメ」というマンションがありますが、本当に飼うのは「NG」なのでしょうか？

ペットの飼育がNGかどうかは、原則としてそのマンションの管理規約によって決められています。「管理規約」はマンションの住民によって組織される「管理組合」で作成された決まり事、ルールです。

管理規約は書面としてまとまっています。通常、マンション購入前の段階で書面を見ることはできませんが、不動産会社の営業マンに依頼すればペット飼育を禁止する内容が含まれているかどうかを確認することができます。

ここで注意してほしいのは、管理規約で「ペットNG」になっているにもかかわらず、住人の中にこっそりと、もしくは大っぴらにペットを飼っているような人がたくさんいる場合です。

他の住人がペットを飼っているのを見ると「なんだ、禁止されていてもペットを飼えるんじゃないか？」と思ってしまいがちですが、そんなことはありません。将来的に、管理組合での話合いで問題になって完全にＮＧになったり、マンションの住民間で対立が生じてしまう危険性があるのです。

「こんなつもりじゃなかった」ということにもなりかねませんので、入居するマンションでペットを飼いたい場合は、管理規約で「ペットＯＫ」になっているかどうかを確認しておくべきでしょう。

購入したとたんに2割ダウンする新築物件

「家を買おうかな」と思ったとき、いろいろな選択肢がありますが、悩ましいのは「新築の家」を買うか「中古の家」を買うかということではないでしょうか。

実は日本人は大の「新築物件好き」だからです。

アメリカやヨーロッパなどでは中古の住宅を買う人が多数派ですが、日本はまったくの逆。なんと新築の住宅を買う人が全体の85％以上を占めるのです。

これは戦後、戦時中の焼失などの理由で住宅の絶対数が乏しく、国が一丸となって「新築の住宅を買ってもらおう」という政策を取ったことに原因があります。

とにかく家がありませんので、数を優先して多くの住宅が造成されました。結果として、質が高いとは言えない中古住宅が後年大量に残ることになり、中古住宅は質が低いというイメージが浸透する原因になってしまいました。

◉図1：主要各国新築住宅の割合

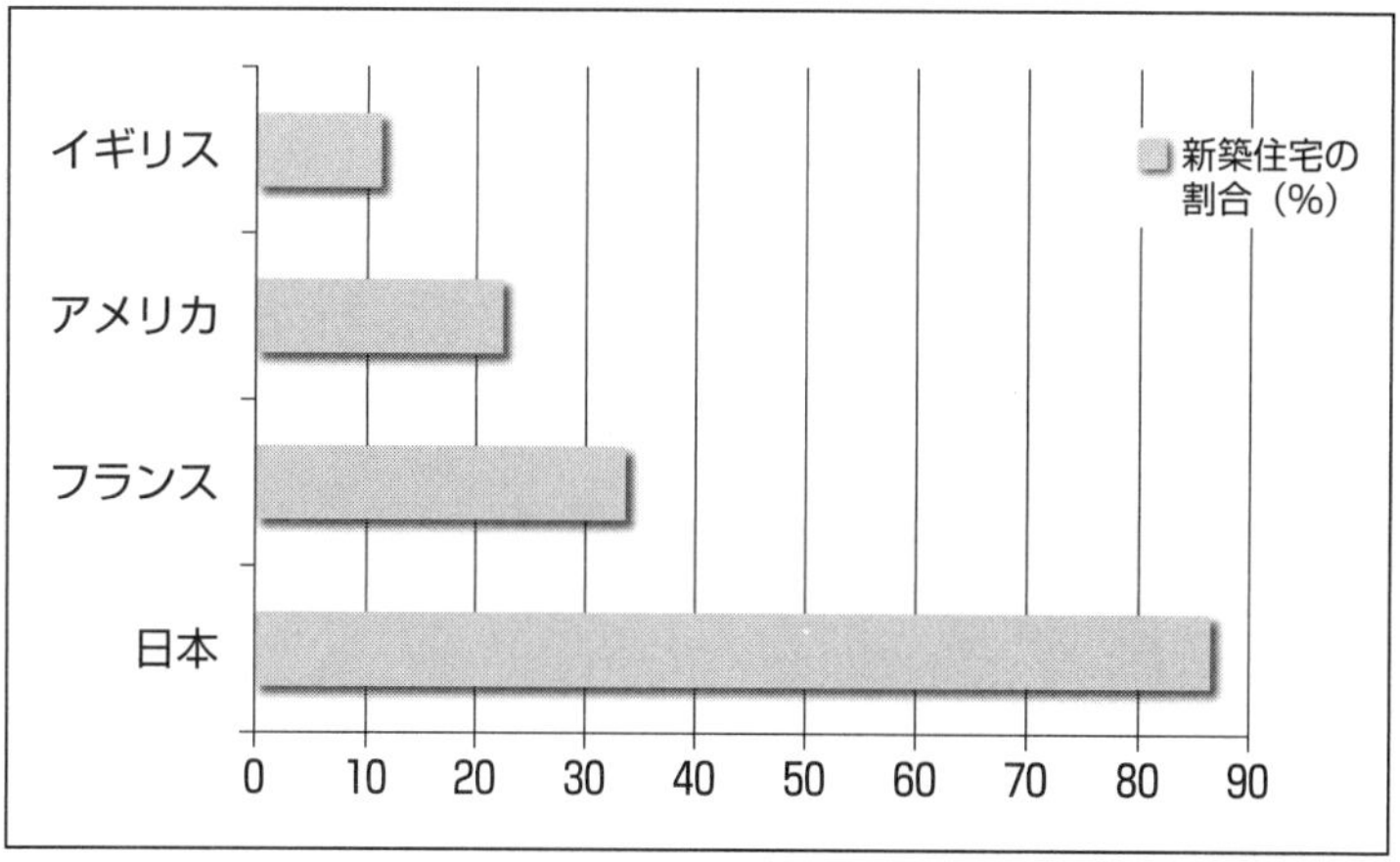

実際に住宅を買おうと親に相談すると、「やっぱり新築がいいんじゃない？」とアドバイスを受けるというケースがとても多く、なんとなく新築の方がいいというイメージを抱きやすくなっているのです。

このように世の中では新築志向が多数派を占めるのですが、実は新築物件には購入した後ですぐに価格が2割も下がってしまうという大きな欠点があります。

つまり、マンションを購入して買い主が住み始めた瞬間に、住宅は「中古住宅」になり、値段が2割落ちるのです。

大変ショッキングな事実ですが、実際に4000万円で購入した新築マンションを、何らかの理由ですぐに手放さなければならなく

◉図2：新築マンションの価格の決まり方

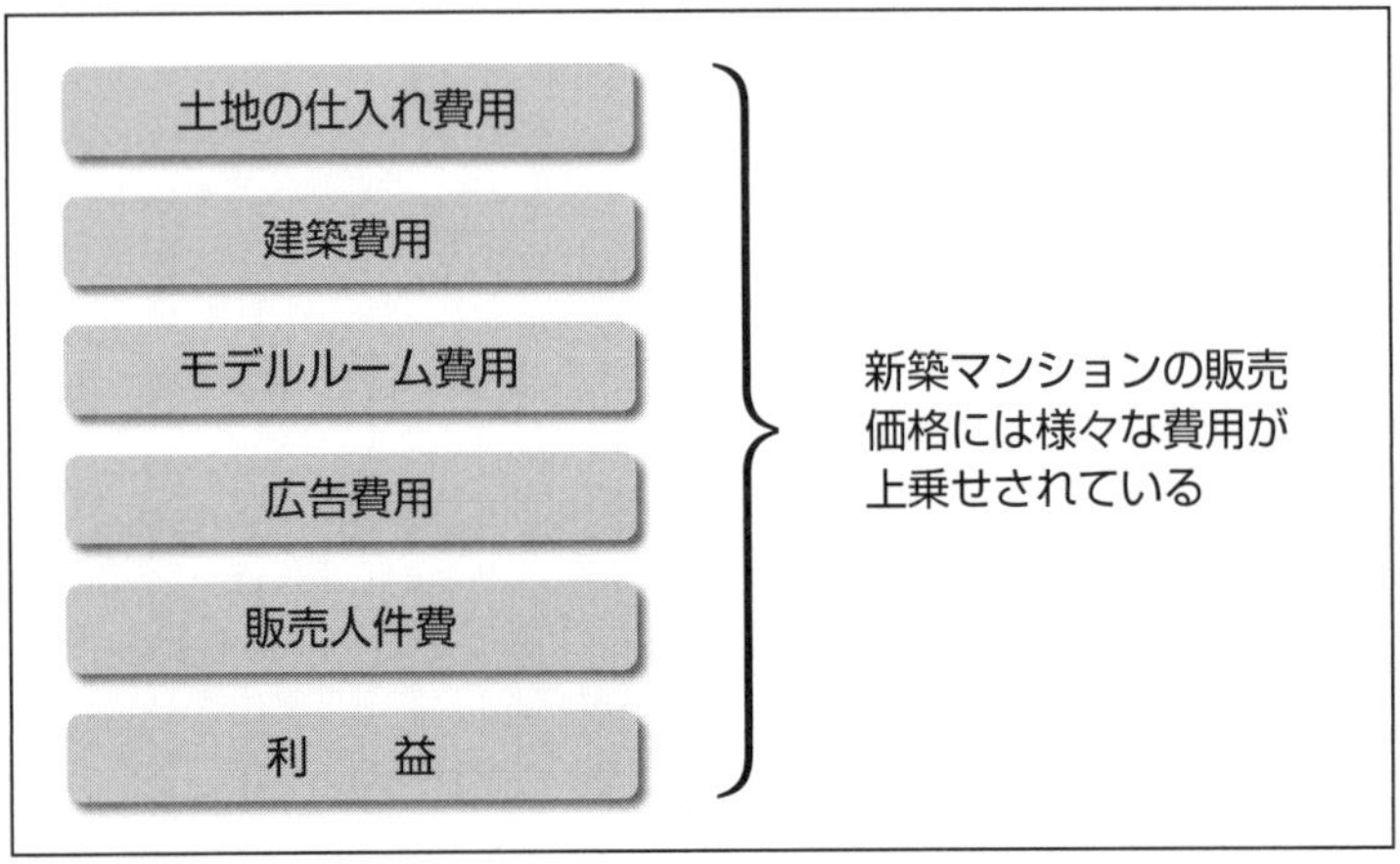

なって売りに出すと、3200万円程度でしか売却できないというのが一般的です。

なぜ、こんなことが起こるのでしょうか。実は、新築マンションには不動産の価格に反映される「土地」と「建物」代金以外に、様々な費用が上乗せされているからです。

具体的には新築マンションの販売時に使われる立派なモデルルーム（数千万の費用がかかります）、チラシやダイレクトメッセージ、豪華なパンフレットなどの作成費用、そして不動産会社の利益が乗せられているのです。

新築マンションを購入しようと思うと、立派なモデルルームやパンフレットによって気分が盛り上がり、権利関係や安全面などでも何となく安心できる気がするものですが、実際には「値下がり」という大きなリスクを抱えることになります。

特に注意してほしいのが「頭金無し《あたまきん》」のフルローンで新築マンションを購入するケースです。これは、マンションの購入金額をすべて住宅ローンでまかなうやり方です。一般的に住宅を購入する際に、最初に現金で支払う「頭金」は住宅価格の3割程度あるのが理想だと言われます。

この頭金を一切入れず、すべて住宅ローンで借りるとすると、購入した新築マンションを、何らかの理由で1~2年程で売却することになってしまった場合、マンションの値段が下がった2割分だけ借金が残ってしまう理屈になります。

住宅に対する考え方は人それぞれです。「絶対に新築がいい！」という人もいるでしょうし、それはそれで悪いことではないと思います。

ただ「資産価値」として考えた場合、新築の物件には最初からリスクがあるということを認識しておく必要があります。

新築マンションは中古マンションよりも安心か？

マンション購入の相談でよくあるのが、「新築マンションの方が中古マンションに比べて耐震的に安心できるのでは？」という質問です。

結論から言いますと「新築マンションだからといって必ずしも安心できない」ということになります。

２０１４年３月、南青山の超高級新築マンションで、引き渡し前に不具合が発覚するという事件がありました。新築マンションでしっかりと設計されていても、実際に施工をする会社や現場の担当者が手を抜いていたり、技術が未熟だったりすると、欠陥マンションとなる可能生があるのです。新築マンションも完成してしまえば、購入者が確認できる部分は限られているため、安心だとは言い切れません。

一方、中古マンションの場合、すでに完成してから時間が経っているため、耐久性を実際のマンションで確認することができます。

例えば築15年ぐらいのマンションであれば、「床に傾斜がないか」「ドアなどの建具に不具合が出ていないか」などを確認すれば、構造的に安心できるマンションだと言えるでしょう。

もし構造的な欠陥があれば、すでに問題が現われ出ている可能性が高いからです。

新築物件の場合、建物の瑕疵担保が10年ついています。瑕疵とは、一見してわからない欠点のことですから、新築物件の場合、ある日いきなり住宅に問題が発覚するのです。

ただし、この瑕疵担保は実は建物の重大な欠陥しか保証をしていません。ドアが開きにくくなるなどの軽微な問題点は保証の範囲外なので、いざ問題が起こった時に保証の適用外というケースも少なくないのです。

ちなみにマンションの大規模修繕は約12年に1度です。マンションの外壁や共用施設である玄関・廊下などの修繕が行われます。その費用はマンションの住民が毎月支払っているお金を充当しますが、中古で購入した人に対して、修繕費用として一括で「〇〇万円支払ってください」ということにはなりませんので、大規模修繕直前のマンションを購入したとしても心配する必要はありません。

中古マンションの修繕積立金はどうなるの？

中古マンションを購入するメリットはいくつもありますが、その中の一つに「修繕積立金」を前の持ち主から引き継げる、ということがあります。

戸建ではなくマンションの場合、毎月「修繕積立金」と「管理費」を支払うことになります。この「修繕積立金」は、マンションのエントランス、外壁、エレベーター、ポストなど「マンション全体」で共有している部分の修復に使われる費用を言います。

毎月少しずつ払っていくのですが、どれだけの金額を支払うかはマンションの部屋の広さなどによって決まります。

さて、中古マンションの場合、必ず前の持ち主がいます。この持ち主からマンションを購入するわけですが、前の持ち主が積み立てた「修繕積立金」は、実はそっくりそのまま新しい買い主に引き継がれるのです。

新築マンションを購入する場合は、入居時に一時金として数十万の支払いが発生しますが、中古マンションの場合はそんなことはありません。

もし仮に、前のマンションの持ち主が100万円程度の修繕積立金を支払っていたら、その分の修繕積立金をまるまる引き継ぐことができるのです。

修繕積立金はマンションの戸数が多いほど、一人当たりの負担金額が減ります。一つの設備を多くの世帯で負担するので、大規模なマンションであれば小規模なマンションと比べて負担が少なくて済むのです。

最近の新築マンションは「最上階にバーがあります」「フィットネスがあります」「プールがあります」など共有施設の豪華さをアピールするものが多く、それぞれにメリットもあるでしょうが、そのような維持費がかさむ共有施設がある物件は、せっかくの大規模マンションならではの修繕積立金の安さというメリットを台無しにしてしまっているとも言えます。現在の新築マンションは、築30年〜40年経っても耐震上まったく問題のない構造をしていますが、果たしてその頃にはプールはどれほど劣化しているでしょうか。

大規模な中古マンションは豪華な共有設備こそないものの、コストを抑えた生活が可能になるのです。

マンションと戸建、どっちが住みやすいか　７本勝負！

「マンションと戸建はどちらが住みやすいか」というテーマは「賃貸と購入どちらがお得か」というテーマと並び、〝不動産の永遠のテーマ〟と言われています。
この項では、マンションと戸建の住みやすさを７つの視点から比較してみましょう。

１．駅距離の利便性

駅からの距離が近ければ近いほど、土地の値段は高くなります。

一般的に駅距離が近い戸建住宅は市場に出にくい傾向がありますので、駅距離が近い物件を探す場合はマンションの方が選択肢は多くなるでしょう。中古マンションに狙いを定めれば、人気のエリアで駅距離が近い物件を見つけられる可能性が高くなります。

2. 子供の育てやすさ

間取りの問題と、周囲の住環境の問題が考えられます。

3階建ての戸建の場合、2階にリビングを置き、3階に子供部屋を置くことで、子供が自分の部屋に行くまでに、必ずリビングを通るようにすることができます。

子供が大きくなって、学校から帰ってくるとそのまま子供部屋に閉じこもってしまうということもありますが、戸建なら「最近まったく子供と会話していない」といった状況を防ぐことができます。

また戸建の場合、子供が小さいうちは、子供が走り回ってもマンションのように下の階からクレームが来るという心配もありません。

一方、マンションでも、子供のプレイルームなどがある大規模マンションの場合、同じマンションの子供同士で気軽に遊べるという利点もあります。

都心の戸建は近くに公園がなく、子供を遊ばせる環境が乏しいケースが多いということも考慮すべき点でしょう。

3. 防犯

戸建ての場合、窓の数がマンションに比べて多いので、留守にする場合や夜間はすべての窓を閉め切る必要があります。

一方、マンションの場合は、基本的にはリビングの窓と玄関のドアさえ閉めれば、心配はないでしょう。エントランスがオートロックになっているマンションであれば、二重の防犯になります。

マンションの防犯で意外と大きな役割を果たしているのが、入口が横並びになっているという点です。

空き巣などの犯行は、入口が外から見えづらい家が狙われることが多いので、マンションのように「入口に誰がいるかすぐにわかる」造りだと、泥棒も入りにくいといえます。

4. ペットとの生活

一昔前は、マンションでは基本的にペットを飼うのはNGでした。最近では、ペットOKのマンションも増えてきたのですが、飼える犬の種類や大きさなどを限定しているマンションもあるので要注意です。

一方、戸建の場合、自由にペットを飼えますので、ペットとの生活の利便性では戸建に軍配が上がるといえます。

5．家事のやりやすさ

平屋でない戸建では、上下階の移動が発生するため、家事をやりづらいと言われています。

例えば1階にお風呂がある戸建の場合、洗濯機も1階に置きますので、結果として2階、3階のベランダまで洗濯物を運ばなければいけません。

また戸建の階段はホコリがたまりやすく、掃除機をかけるのも大変です。

すべて平面移動で済むマンションの方が、家事は楽だと言えるでしょう。

6．耐震性

最近の新築マンションでは免震・耐震などの最新技術によって「地震に強いマンションです」というアピールをしている物件が多数あります。

戸建の場合、元々地盤が固いエリアであったり、地盤をしっかりと固めていたりする物件であれば安心できそうです。

とはいえ、1981年に制定された新耐震基準によって建築確認をもらっている建物であれば、戸建であろうとマンションであろうと、一定の耐震基準を満たしています。

7. 駐車場代

駐車場付きの戸建であれば、別途の駐車場代はかかりません。

ただ都心の戸建の場合、駐車場の天井が低かったり、横幅が狭いため、事実上、軽自動車しか止められないようなところもあるので要注意です。

また家にたどりつくまでに、道路の環境がよくなかったり、複雑な路地があったりで、やたらと運転が難しいという物件もあります。そういう戸建の場合、営業マンはわざと運転が難しい場所の手前で車を停め、そこからは徒歩で案内したりする場合があるので気をつけてください。

マンションの場合は、敷地内に駐車場があると基本的に駐車場代が発生します。


以上、いかがでしたでしょうか。

戸建・マンションともにメリット・デメリットがあります。自分のライフスタイルに照らし合わせて、それぞれのメリット・デメリットに優先順位をつけて検討するのがよいでしょう。

騒音で悩まされないためのチェックポイント

マンションの上階からの騒音は誰しも経験があると思います。国が行っている調査でも、マンション生活のトラブルとして毎回ほぼトップに挙がるほどです。

ドタバタと騒々しい上の階の足音はついつい気になってしまいますし、逆に自分の下の階からクレームを受けるかもしれません。

マンションの騒音問題が起こる原因として「フローリング」を使っていることが挙げられます。

元々マンションは鉄筋コンクリート、もしくは鉄骨鉄筋コンクリートで造られているものがほとんどなので、木造住宅に比べると騒音は響きにくいはずです。

それにも関わらずこれだけ騒音問題が頻繁に起こるのは、床にフローリングを使っているからです。

◉図3：国土交通省　平成25年度マンション総合調査結果

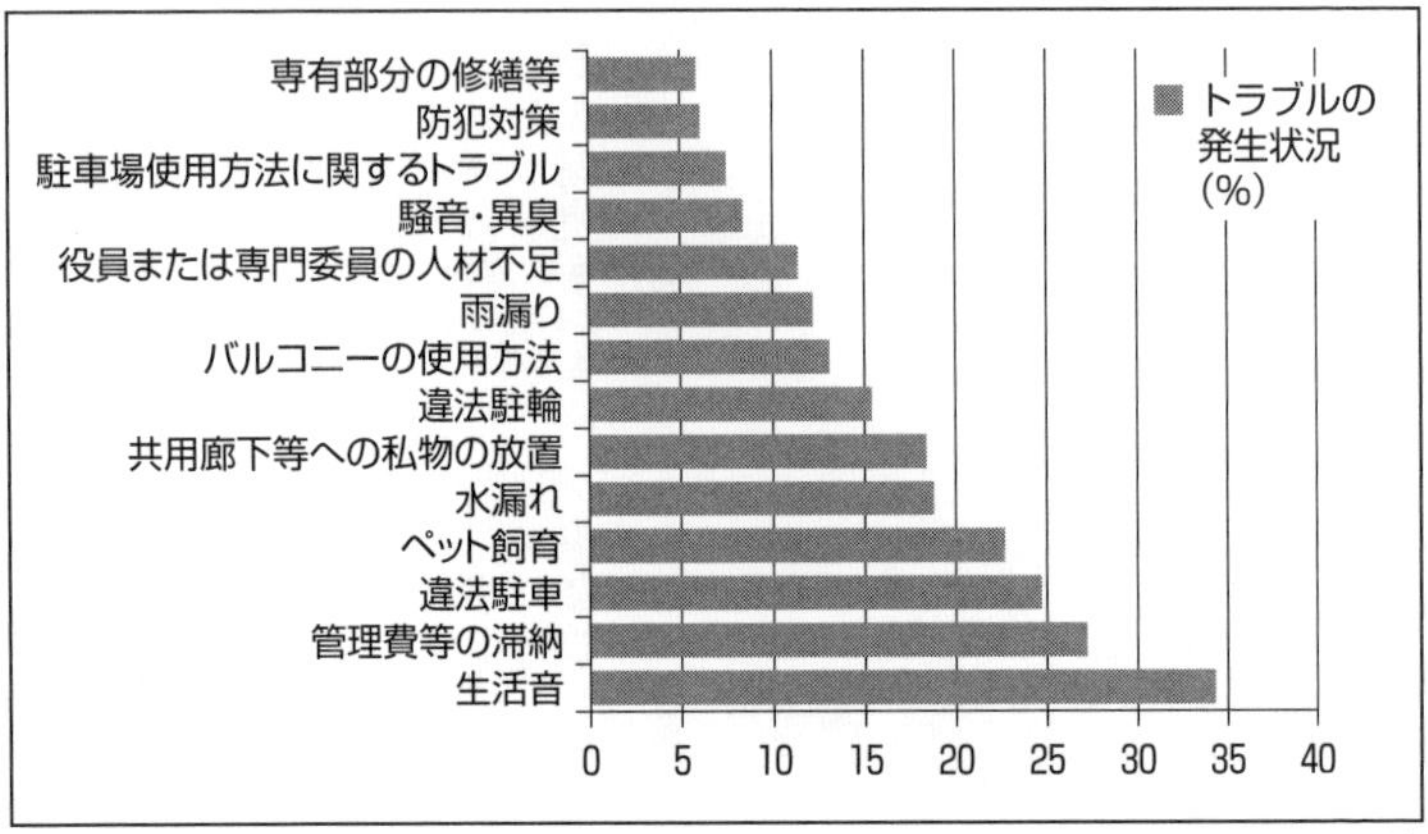

（平成26年4月23日公表）

昔のマンションの床はカーペットが主流でした。しかしアレルギーの人が増え、また掃除のしやすさからもフローリングが好まれるようになったので、今ではほとんどがフローリングです。

しかしフローリングはカーペットに比べ音を伝えやすく、フローリングのマンションが主流になるにしたがって騒音問題が増えてしまったのです。

せっかく購入したマンションなのに、騒音問題で悩まされることになると、何のために購入したのかわからなくなります。

マンションの騒音を避ける対策には、以下のチェックポイントがあります。

1．床の厚さをチェックする

当然のことですが、床の厚さが厚ければ厚いほど音が響きにくくなります。最低でも200ミリ《メートル》は床の厚さが欲しいところです。

床がどれだけ遮音するかは「L－50」というように表示されます。このLの後の数字が小さければ小さいほど遮音性能が高くなります。理想の数値は45以下です。

2．壁の厚さをチェックする

床と同じように、壁も厚ければ厚いほど、音が響きにくくなります。壁もやはり最低でも200ミリ《メートル》は厚さが欲しいところです。

壁の遮音性は「D－50」というように表示されます。これはDの後の数字が「大きければ大きいほど」遮音性能が高くなります。床とは逆なので要注意です。理想の数値は50以上です。

3．壁がGL工法なら要注意

壁は厚さだけでなく、工法にも注意が必要です。

ほとんどのマンションは「直壁《じかかべ》」といってコンクリートの上に直接仕上げる工法が取ら

れています。この工法であれば特に問題はありません。

問題なのは「ＧＬ工法」と記載されている場合です。これは、コンクリートに直接仕上げるのではなく、室内側にもう一つ壁を造る工法で、石膏ボードの壁をＧＬボンドでくっつけるのです。この場合、音が大きく響きやすくなってしまう場合があります。

4．騒音源近くのマンションは買わない

隣りの部屋以外にも、騒音の原因となるものがあります。

中古マンションの場合、こういった騒音源を実際に確認できるのがメリットの一つです。

騒音源としては次のようなものがあります。


【建物内】
・エレベーター
・電気室・ポンプ室
・給配水管
・駐車場
・エントランス

【建物外】

・線路
・幹線道路
・通り抜けの道路・バス通り

また子供の声が苦手な人は、公園や学校の近くのマンションは避けた方がよいでしょう。騒音というのはとてもデリケートな問題です。気になる人にはとても気になりますし、気にしない人はまったく気にしません。気になる人にとっては、一度気になり出すと夜も眠れないほど影響があるのです。

マンションを購入した後に騒音問題に気がついても、なかなかその抜本的な対策は難しいものです。

上階の住人にクレームをつけたとしても、その住人もおいそれとマンションを出て行くわけにはいきません。生活音はどうしても出てしまうので、こちらがリフォームしてある程度の防音対策を講じるしかないでしょう。

もし音にデリケートなのであれば、購入前に入念にチェックするのがベストといえます。

マンションの裏側を竣工図で確認しよう

中古マンションの購入を考えたとき、誰しも心配になるのが「建物の堅牢さや耐震性は大丈夫かな？」ということです。

基本的に１９８１年以降に建築確認審査を受け、新耐震基準を満たしているマンションであれば、安全性について一定の基準を満たしていると言えます。

しかし、それだけでは心配だという向きもあるでしょう。その場合は、具体的にどのようにマンションが造られたかを、「竣工図」で確認するという方法があります。

マンションを建築する際は、まず「設計図」が作成されます。設計図によってマンションの概要を決定し、国の建築確認審査を受けるのです。

設計図によって建築物の詳細は一応決まりますが、マンションの工事中には必ず変更点が発生します。実際に造ってみたら施工上問題があったり、行政から指摘が入ることで、変更しなくてはいけない部分が出てくるのです。

竣工図は、そういった変更点を反映させて、完成したマンションの細部情報を記載した図面のことをいいます。

竣工図は通常個人ではなく、管理組合などで保管されているケースが多いでしょう。マンションによっては、この竣工図を保管していない、もしくは紛失してしまったというようなケースもあるので要注意です。

管理組合によっては「実際に売買契約が終わるまで見せられない」というマンションもありますが、竣工図を見ない限り、プロでも外観や室内など表面的な部分の確認しかできません。

また竣工図には建物のことだけではなく、地盤についても記載されています。

このように、竣工図は建物の価値を見極める上でとても大切な図面になりますので、「いいな」と思うマンションがあれば必ず確認するようにしてください。

一目でわかる！　3つの耐震チェックポイント

中古マンションの耐震性は、前ページで紹介した「竣工図」で確認するのがベストですが、実はマンションをパッと一目見ただけでわかる3つの耐震性チェックポイントがあります（図4参照）。

1．マンションの形が長方形に近いこと

マンションは構造的にシンプルな長方形に近ければ近いほど耐震性が上がります。逆にマンションの形がいびつだったり、正面にデコボコが多いマンションは、耐震性の面で注意が必要です。

2．セットバック部分が大きくないこと

マンションの「セットバック」とは、マンションの一定の階から上が斜めに削られてい

◉図4：マンション耐震性のチェックポイント

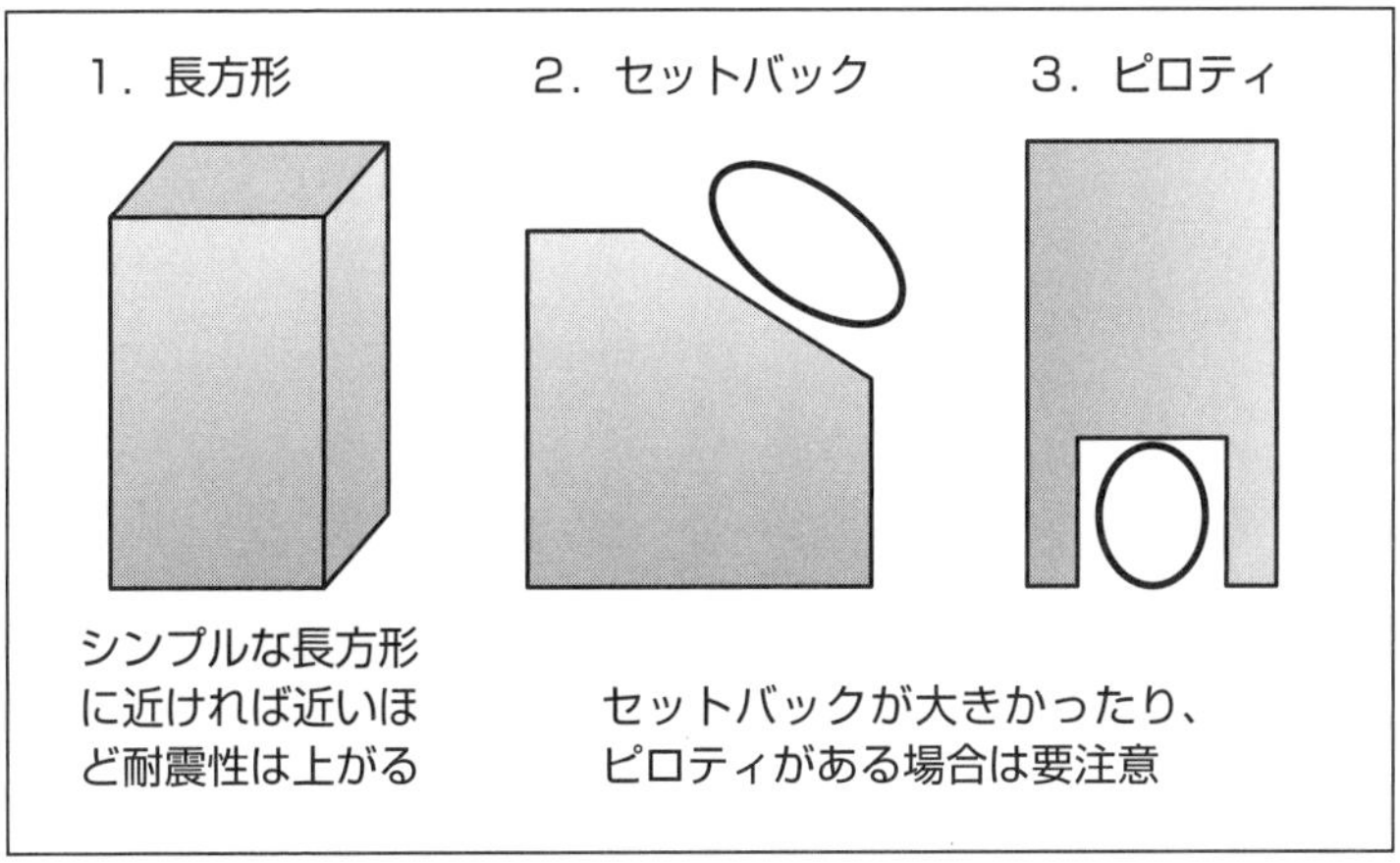
1．長方形
2．セットバック
3．ピロティ
シンプルな長方形に近ければ近いほど耐震性は上がる
セットバックが大きかったり、ピロティがある場合は要注意

ることをいいます。

これは「斜線制限」という法律で建物を真上に伸ばせないため、斜めに削って建物を建てているのです。このセットバックの部分が大きいと、下の階にかかる重さがアンバランスになるため、安全性の点では好ましくありません。

3．ピロティがないこと

「ピロティ」とはマンションを柱だけで支えている構造のことです。

デザイン性が高いマンションでは、1階部分がピロティになっており、開放感がある設計になっています。しかしピロティは壁がないため、地震の際には柱にすべての負荷がかかることになってしまいます。

マンションの耐震性は、専門家にしかわからないと考えがちですが、まずはこうした観点から地震に強い構造のマンションかどうかをチェックすることが第一のフィルターになります。

ただし、セットバックやピロティを採用した構造のマンションが「絶対にダメ」というわけではありません。こうしたタイプのもので、もし気に入ったマンションがあれば、以上のような点を専門家に相談してみることをお勧めします。

グーグルマップを活用して街の特性を把握する

賃貸で住み慣れている地域や、生まれ育った地元で家を買うのではなく、あまりよく知らないエリアで住宅を購入しようとするのは勇気がいることです。

特にスーパーやコンビニエンスストア、公園や公共施設など、生活に必要な施設がどこにどの程度あるのかということは、地元の人でない限りなかなかわからないもので、そうした情報が乏しいということが住宅購入に対しての大きな不安になりがちです。

そこで役に立つのがグーグルマップです。グーグルマップはパソコンやスマートフォンから地図を確認することができるサービスです。

グーグルマップというと、どこかの目的地を想定して使うイメージが強いと思いますが、実は周辺情報の検索にも大変便利なツールなのです。

使い方は簡単で、検討しているマンションを地図の中心に設定し、「スーパー」「コンビニ」「レストラン」「公園」などの気になるキーワードを検索します。すると、該当する施設が地図上に赤く表示されますので、リンク先のウェブサイトを閲覧したり、実際に現地を確認するときのガイドやマップになります。

マンションを購入する際、なかなか周辺の施設までは気が回らないものです。場合によっては営業マンに勧められるまま購入を決めてしまい、駅から自宅までの道のりを一度も歩かずに契約してしまって、後で悔やむという人もいます。

最低限、普段どんな道を使うことになるかは確認しておきたいところですが、せっかくであれば街の魅力を十分に知った上で購入を決めたいものです。

駅から自宅までの道順にない施設はついつい見逃しがちですが、グーグルマップを使うことで周辺エリアの施設を網羅的に確認することができるのです。

スマートフォンとDropboxでマンション探し！

家探しのコツは「一緒に暮らす家族が情報を共有すること」と言えます。男性と女性では、住宅に対する考え方がずいぶん異なる場合があります。一般的な夫婦でいうと、妻はキッチンの使いやすさ、キッチンからリビングにかけての移動のしやすさ、洗濯物をベランダに干すまでの動線などを重視します。

一方、夫の方はというと、自分の書斎スペースがあるかどうか、マンションまで車で簡単に移動することができるか、リビングがくつろげるだけの広さがあるか、などを重視する傾向にあります。

そこでお勧めしたいのがスマートフォンとDropboxを使ったマンション探しです。

例えば、夫婦で日程が合わず、どちらか一人だけがマンションの見学に行った場合、なるべくスマートフォンで写真や動画をたくさん撮っておいて、それらをすべてDropboxに保存しておくのです。

Ｄｒｏｐｂｏｘはファイルを共有できるアプリケーションで、スマートフォンでもウェブサイトでも使うことができます。有料プランもありますが、無料で2GBまで使えます。

このアプリケーションを使って、夫婦で写真を共有しておけば、別々にマンション見学に行った場合でも、後で意見交換をしたりするときにも便利なのです。Ｄｒｏｐｂｏｘのよい点は、簡単にフォルダを分けることができて、フォルダごとの写真の移動もとても簡単だということです。

マンション名ごとにフォルダを作成しておけば、後からどの写真がどのマンションのものだったかがわからなくなるのを防ぐことができます。フォルダの中に、物件のチラシなども写真で撮って入れておくと便利です。

写真の共有は、メールや直接スマートフォンを見てもらうことでも可能ですが、これでは非常に手間がかかってしまいます。写真を見せられる方も、できれば自分の見たいタイミングで確認したいのではないでしょうか。

Ｄｒｏｐｂｏｘであればアップロードするだけで大量の写真を共有することができて、それがいつアップロードされたものかもわかるので、非常に使い勝手が良いのです。

第2章

自分だけのお宝マンションを見つけ出す！

マンション見学から引っ越しまでの流れ

中古マンションを購入する際の全体の流れについて頭に入れておきましょう。

マンションの見学から引っ越しまでは左ページ図のような流れになっています。

見学から引っ越しまでは、最短で1ヶ月、長い人だと数年程度の時間をかける人もいます。見学を行いながら「このマンションがいい！」と気に入った物件を見つけるまでの時間は人によって違うのです。

気に入ったマンションが見つかったら、購入の申し込みをします。これは書面による正式な購入の意思表示になります。

このタイミングが〝最初で最後〟の条件交渉の場です。マンションの値段からどのような状態で引き渡してもらうかまでを交渉します。

売買契約の前に、マンションの状態を確認するホームインスペクション（11ページ参照）を

◉図5：マンションの見学から引っ越しまでの流れ

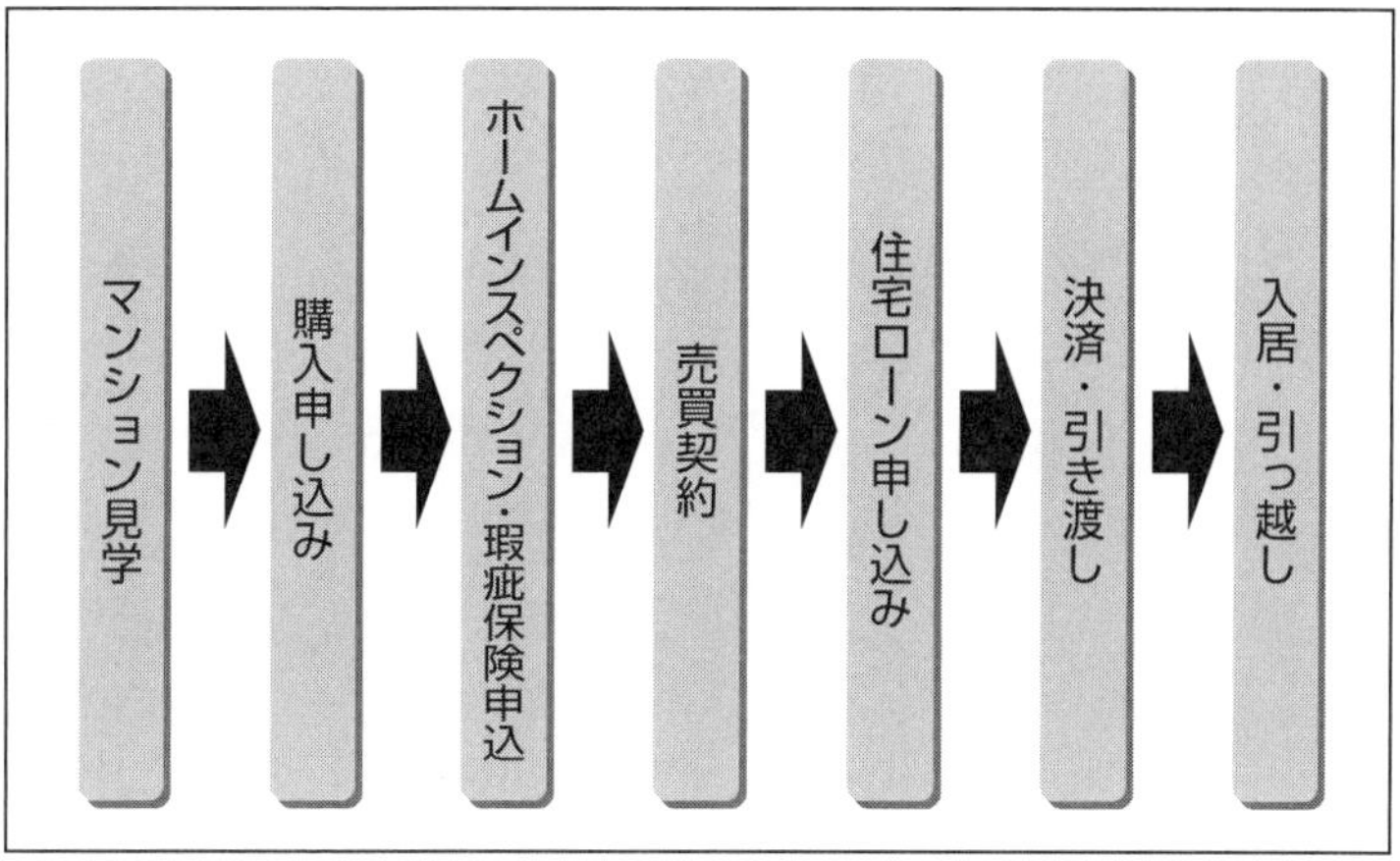

実施します。ホームインスペクションを実施することで、マンションの状態を確認できるだけでなく、購入後にどれくらい修繕やリフォームに費用がかかるのか判断することになります。

また購入後に、隠れた欠陥である瑕疵が見つかった場合に有効となる保険も申し込んでおきましょう。

売買契約が完了すると、住宅ローンで返済する人は、その申し込みを行います。

万が一、住宅ローンの審査に通らなかった場合は、購入資金のメドが立たないわけですから契約を白紙に戻すことになります。これを「住宅ローン特約」といい、ほとんどの売買契約書には記載されていますが、念のため契約書を確認するといいでしょう。

住宅ローン審査は、金融機関にもよりますが、2～3週間程度で結果が出ます。

無事住宅ローン審査を通過したら、いよいよ決済です。


決済は買い主が住宅ローンを借りる金融機関の部屋で行われることが多く、売り主・買い主・司法書士・関係者が集い、残金の支払いを行います。

この決済のタイミングでマンションの鍵を渡されることになります。これを「引き渡し」といいます。

決済と引き渡しが終わると、マンションは買い主のものになりますので、後は自分のタイミングで入居（引っ越し）することになります。

最高の中古マンションを探すための情報収集法

中古マンションの情報を集める方法（媒体）には、次の3つがあります。

- **チラシ**
- **雑誌、フリーペーパー**
- **不動産ポータルサイト**

この3つの方法の中で一番お勧めなのは不動産ポータルサイトです。

チラシは家のポストに入ってくるものなので情報に偏りがありますし、雑誌や駅などに置いてあるフリーペーパーは印刷するのに時間がかかっているためリアルタイム性という点ではマイナスです。

一方、不動産ポータルサイトであれば、ほぼリアルタイムに新しい情報が掲載されるため、中古マンションを探すのに打ってつけなのです。

不動産ポータルサイトでは「ＳＵＵＭＯ《スーモ》」と「ＨＯＭＥ'Ｓ《ホームズ》」が2大サイトです。ＳＵＵＭＯはリクルートが運営する不動産ポータルサイトで、元々、リクルートが１９７６年に「月刊・住宅情報」という形で始めた情報誌が発展して、ネットで情報を発信するようになったものです。２００９年にはそれまでの住宅関係のサイトをすべてまとめてＳＵＵＭＯブランドに統一。最も長い歴史を持った不動産広告媒体といえます。

ＨＯＭＥ'Ｓはウェブ特化型の不動産ポータルサイトサイトです。

この2つのサイトで、私がお勧めしているのはＨＯＭＥ'Ｓのほうで、というのも、ここ最近、ＳＵＵＭＯとＨＯＭＥ'Ｓでは物件数に大きな差が生まれて来ている傾向があるからです。

「フジサンケイビジネスアイ」の２０１４年3月31日号では総掲載物件数でＨＯＭＥ'Ｓが1位になっています。この時点での掲載物件数では、ＨＯＭＥ'Ｓが４０９万件に対してＳＵＵＭＯが２２４万件です。

そこからもＨＯＭＥ'Ｓの掲載物件数は増え続け、今では５１０万件を超えています（２

015年2月3日現在）。

実はこれだけHOME'Sの掲載物件数が増えたのには理由があります。

従来、不動産ポータルサイトにマンションなどの物件を掲載するためには、その都度掲載料を支払う必要がありました。掲載料が高額なため、不動産会社も限られた数の物件しか掲載することができませんでした。

しかしHOME'Sは、2011年1月に、料金体系の大規模な見直しを実施し、掲載物件の量に応じて料金を取る「掲載課金形式」から、不動産情報サイトとしては初めてとなる「問合せされた分だけ課金する」という形式に変更したのです。

不動産会社としては物件情報を掲載することに何のリスクもなく、問い合わせがあった分しか料金がかからないので、新規の物件もすぐに掲載できます。

その結果、HOME'SはSUUMOを抜き、圧倒的な掲載物件数を獲得するに至ったのです。

中古マンションをお得に購入する！SUMO活用の裏技

新築マンションと違い、中古マンションの値段はバラバラです。

新築マンションの値付けは、不動産業者が自社の利益を確保しながら「売れそうな金額」を設定するため、「激レア物件」は存在しません。

一方、中古マンションは多くの場合、売り主が個人なので値付けは個々でバラバラです。そのため「激レア物件」というような掘り出し物が中には存在します。

「激レア中古マンション」を見つける方法としてSUUMOを活用した裏技があります。

SUUMOの冊子は、前述の通り掲載課金形式で、その冊子は駅やコンビニなどに置いてあり、「マンションを購入しようかな」と思ったときにまず手に取ってみる媒体といえるでしょう。

SUUMOには「SUUMO　新築マンション」というフリーペーパーがあります。これは、SUUMOの媒体の中でも新築マンションに特化して紹介しているものです。

「中古マンションを探しているのに、どうして新築マンションの冊子を見るの？」と思われるかもしれませんが、そこがミソです。「ＳＵＭＯ　新築マンション」にたくさんの新築物件が掲載されているエリアほど、「激レア中古マンション」が見つかる可能性が高いのです。

新築マンションの競争は熾烈です。いつ市場環境が変わるかわからないので、不動産会社は売れ残りを避けるために徹底的に周辺のマンションのリサーチを行います。自社の新築物件の値付けをする際、周辺の中古マンションの相場を調べ、その中古マンションに負けないぐらいの値ごろ感を出そうとするためです。

その結果として、中古マンションの売り主の方も、新築マンションに負けないよう、さらに値段を下げているケースがあるのです。

中古マンションが売りに出てくる確率というのは、エリアによってあまり変わりがありません。

一方、新築マンションは、「大きな施設が閉鎖して空き地ができた」「国が土地を売りに出した」などといった理由でいきなりボンボンと建ったりします。

そして新築マンションが次々と建つエリアというのは、エリア全体で値下がりが起き、激レア中古マンションが出やすいのです。

お買い得！　間取りで探す激レアマンション

お得なマンションの探し方にはいろいろとコツがありますが、その中の一つが「リフォームできれば改善できる」マンションを探すことです。

人間というのは、目で見た情報に強い影響を受けるものです。

「こうすれば改善できるな」と頭で考えたとしても、実際に目の前の現状に逆らってまで、想像をすることはなかなか難しいものです。

それゆえ、中古マンションの中には「不当に評価が低い（つまり〝激レア〟）」マンションというものが存在します。

そこで一番注目したいのはマンションの間取りです。

「おっ、このマンション安いな！」と思って実際に見学に行ってみると、間取りが使いにくいというケースがあります。

図面を見ているだけでは気づきにくいのですが、実際にマンションの中を動き回ってみると、どうにも動きづらかったり、ムダな動きを強いられる間取りになっているのです。そんな間取りになってしまっているのには理由があります。

新築マンションを建設する時点では、マンションディベロッパーはどんな人がマンションを買うのかわかりません。どんな人が買って、そこに住むのかがわからなければ、リビングが広い方がよいのか、ダイニングが広い方がよいのか、キッチンを重視するのか、それともまったく重視しないのか判断がつきません。

マンションを購入する人のライフスタイルによって、最適な間取りは変わってきます。しかし、マンションディベロッパーには、マンションを購入する人のライフスタイルなど予測がつきません。そこで、一般に受けがよい「なるべく広い部屋」を確保しようとします。

実際に生活してみると動きづらかったり、生活しにくかったとしても、図面の上では見た目のよい「大きな部屋」を確保しようとするために、使いづらい間取りになってしまっているのです。

しかし、たとえ現在は使いづらい間取りだったとしても、リフォームをしてしまえば間取りを変えることが可能です。リフォームを前提して考えれば、現状の間取りは大きな間題ではないのです。

また、不当に評価が低くなっているマンションの特徴として、「水回りが汚い」というケースがあります。

水回りは手入れ・メンテナンスの仕方によって、汚れ具合がまったく変わってきます。つまり、リフォームをすればこの水回りも完全に新品にすることができます。

「水回りは新しい方がいいから新築にしました」という人もいるでしょうが、そこは考え方を変えるべきです。水回りのリフォームは、思ったほど費用がかかりませんし、それどころか、新築マンションの設備よりも格段にグレードの高い設備にすることも可能なのです。

中古でも価値が落ちないヴィンテージマンションの魅力

マンションを探していると「ヴィンテージマンション」という言葉を聞いたことがあると思います。何となく「高額なマンション」というイメージがあると思いますが、ヴィンテージマンションとは一体何なのでしょうか。

「ヴィンテージ」とは元々ワインに使われていた言葉です。10年以上前に作られたワインのうち、当たり年のワインを「ヴィンテージワイン」と呼んでいるのです。そこから意味が広がり、今では「ヴィンテージ」という言葉は「特定の年に作られた良いもの」という意味で広く使われています。

それではヴィンテージマンションとはどういう意味なのでしょうか。

それは単純に売り出されたときの値段が高いというだけではなく、築後の年数が経っても価値を落とさず、管理の行き届いたマンションのことを言います。

ワインもいくら当たり年といえども、管理が行き届いていないと一気にダメなワインになってしまいます。マンションもワインと同じように、管理が行き届いて初めて「ヴィンテージ」と言えるのです。

日本の代表的なヴィンテージマンションと言えば「広尾ガーデンヒルズ」があります。広尾ガーデンヒルズは東京メトロ日比谷線の広尾駅から徒歩5分の好立地にあり、同駅の至近でありながら、緑に囲まれ非常に落ち着いた雰囲気を持っているのが特徴です。広尾ガーデンヒルズは、広尾駅から歩いて行くと、並木に囲まれた緩やかな坂道を登り、抜けたところから建物が始まります。統一されたデザインと、管理の行き届いた建物、並木と緩やか高台の勾配が合わさって何とも言えない特別感を醸し出しています。まさにすでに築30年を超えますが、いまだにその値段は下がらず人気を保っています。「日本を代表するヴィンテージマンション」です。

また伝説のヴィンテージマンションと言っても差し支えないのが「ドムスマンション」です。ドムスマンションは1979年から93年までに計20棟建てられたマンションシリーズで、いずれも東京の麻布・青山など都心の一等住宅街にのみ建てられました。

◉図6：ヴィンテージマンションの条件

- ブランドエリアに位置している
- 庭やエントランス、廊下、外壁などのレベルが高い
- 地元に愛され、人気が衰えない
- 管理が徹底している
- 定期的な修繕計画が実行されている
- 住民のコミニティが健全に運営されている

このドムス・マンションシリーズの中でも一番有名なのが「ドムス南麻布」です。内装・設備ともに最高級品で統一されており、分譲価格は1戸あたり平均価格で18億8930万円、最高価格はなんと27億5250万円でした。

またマンションの管理も徹底したものがあります。このシリーズが分譲された当時、まだ管理人常駐の24時間管理は一般的ではありませんでしたが、いち早くこの方式を導入したのがドムスマンションです。

「ヴィンテージ」は特別な存在なのです。それがモノであれ、マンションであれ、オーナーが「誇りを持てるかどうか」が重要な要素になってくるといえるのではないでしょうか。

中古マンションの購入基準　新耐震基準とは？

中古マンションの購入を検討している人からの質問で一番多いのは、「築何年までのマンションであれば安全なのでしょうか？」というものです。

この質問はなかなか奥が深く、マンションによって造り方も違うので一概には答えられないのですが、一つの目安となるのが「築30年以内のマンション」ということです。その理由として「新耐震基準を満たしている」という点が挙げられます。

「新耐震基準」とは昭和56年（1981年）6月1日以降に着工した建物が守っている「安全の基準」のことを言います。2015年現在ですと、築34年以内ということになります。これは1978年に起こった「宮城県沖地震（震度5）」を踏まえ、「より大きい地震に耐えられるように建物の基準を厳しくしよう」という目的で制定されたものです。

それまでの「旧耐震基準」では、おおまかに言うと震度5程度の地震で建物が壊れない

◉図７：建築基準法の耐震基準の概要

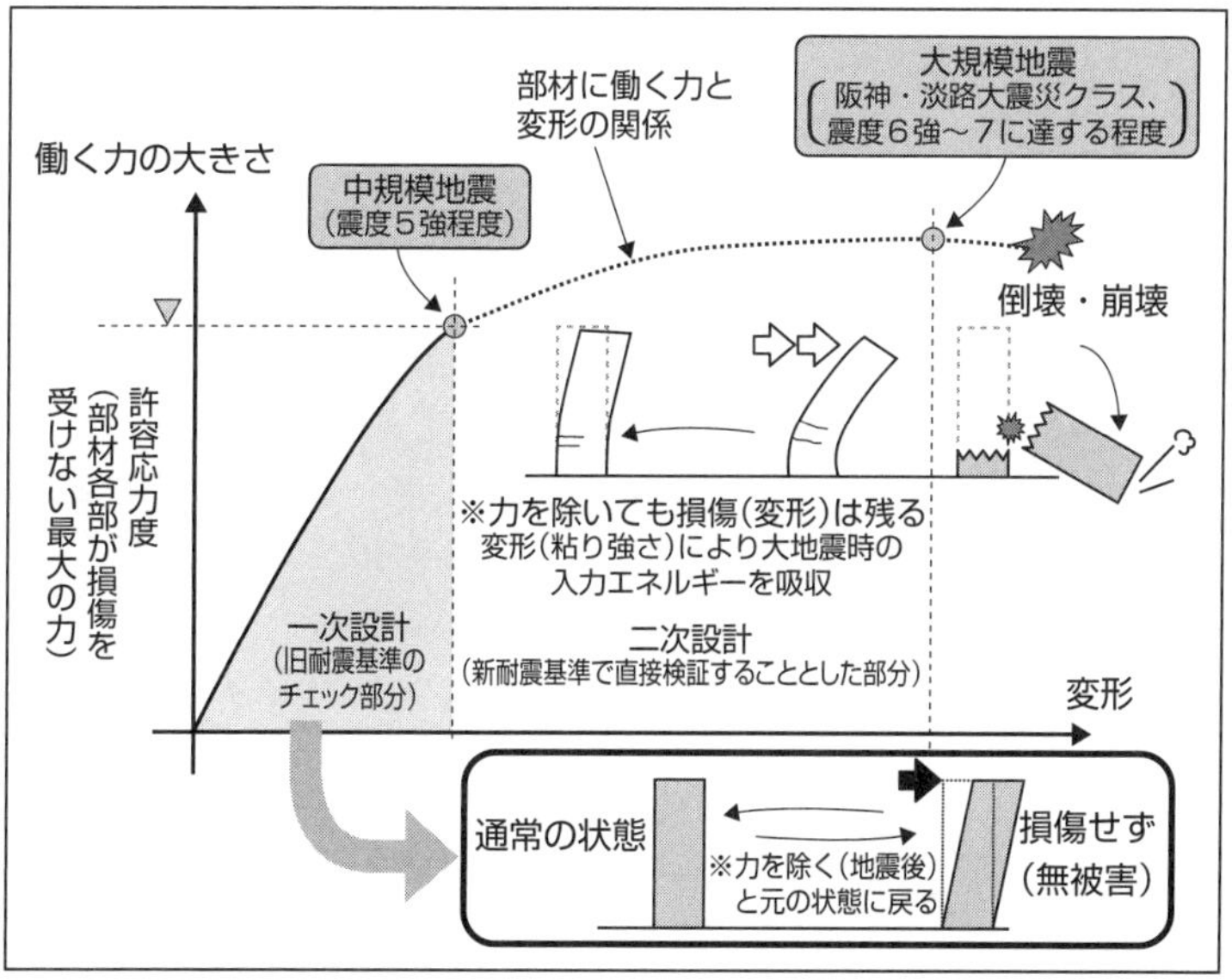

国土交通省ホームページより

ような基準で建物が造られていました。それが「新耐震基準」では震度7程度の地震でも建物が壊れないぐらいの基準になったのです。

1985年の阪神・淡路大震災や2011年の東日本大震災においても、新耐震基準の建物の倒壊の報告はありませんでした。この新耐震基準は住宅ローンとして人気の「フラット35」の利用条件にも含まれていますので、マンション購入を考える際には重要な指標となるのです。

買ってから後悔したくない！安心の「ホームインスペクション」

中古マンションの購入を考えたとき、気になるポイントの一つが「このマンションにマズいところはないかな？」ということです。

新築マンションの場合は、10年間の保証が最初からついているので特段気にすることもありませんが、中古マンションの場合、マンションによって保証期間は様々です。そこで中古マンション購入の強い味方となるのが、すでに何度か説明した「ホームインスペクション」です。

ホームインスペクションとは日本語では「住宅診断」になります。住宅に精通したプロが第三者の視点からマンションをチェックしてくれるサービスをこう呼んでいます。

アメリカでは不動産取引の70％～90％に対して実施されているメジャーな方法で、日本においても中古不動産の盛り上がりとともに急速にニーズが高まっています。

◉図8：ホームインスペクション利用のメリット

- 住宅に問題がないか、専門家がチェックすることで安心して購入・居住することができます。
- 「欠陥住宅」や「買ってはいけない住宅」をつかむリスクを避けられます。
- 安心して住むために、いつ頃、どこに、どのくらいのお金をかけてメンテナンスすればよいか、見通しをたてることができます。
- 住宅の修繕箇所、改善点などについて、売主側にも根拠を持って知らせることができます。
- 中立な立場で公正な診断を行うことにより、売主側との関係を損ねることなく、対応や説明を求めることができます。
- 住宅の構造、設備など、本質的な性能がわかります。
- 買主・住まい手の立場からみた報告やアドバイスを受けられます。
- ホームインスペクションの報告書を、住宅の資産価値を保つための「家の履歴書」として残すことができます。

「日本ホームインスペクターズ協会」ウェブページより

マンションを購入する前にホームインスペクションを実施することによって、「マンションに欠陥がない」と安心して購入することができます。

内装だけではなく、特に壁の裏側の配管類を確認できるところがポイントで、またマンションの修繕の費用・タイミングなどを見極めるのに便利です。

マンションを購入する際に中古住宅フラット35の利用を考えている場合は、ホームインスペクションを利用することでその条件を満たしているか（建物が耐震基準に適合しているか）の証明書も発行してもらえます。

費用に関しては、マンションの規模にもよりますが、一般的には5～6万円で実施してくれる会社が多いようです。

またホームインスペクションにかかる時間の目安としては2～3時間程度になります。実施する会社によっても異なりますので、自宅に近い信頼できる会社をウェブなどで確認してみるとよいでしょう。


中古マンションの購入のためにホームインスペクションを実施するのであれば、購入申込書（買付証明書）を提出後の段階で実施するのがよいでしょう。

購入申込書（買付証明書）の段階では、特に法律的な縛りがないので、ホームインスペクションの結果、マンションに欠陥が見つかれば申し込みをキャンセルできますし、何か問題があれば、その問題を契約書の内容に盛り込むことができるからです。

それより前のタイミングで実施してもよいのですが、そもそも購入の申し込みをしていない段階では売り主が協力してくれないケースもあり、他の人が先に購入申し込みをしてしまうリスクも生じます。

やっぱり仲良く暮らしたい！とても大事なマンションコミュニティ

戸建と違い、一つの建物に数十世帯～数百世帯が入居するのがマンションです。当然、ご近所付き合いもとても大事になってきます。

新築マンションの場合、マンションコミュニティはいわば白紙状態です。全員が新しく入居しますので、どのように管理され、どのようにコミュニティが形成されるかは未知数だという不安もありますが、一方で全戸が同時入居というある種の一体感があるのも特徴です。

他方、中古マンションの場合は、すでにマンションコミュニティが形成されています。「どのマンションを購入しようかな？」と検討する際に、どのようなマンションコミュニティが形成されているかを確認するのは、重要なポイントです。

マンションコミュニティのチェックポイントとしては次のようなものがあります。

1. ゴミ置き場

マンションに住んでいる人のモラルや、マンションのコミュニティがしっかりと機能しているかが最も現れるのが「ゴミ置き場」です。

マンションでは一般的に専用のゴミ置き場が設けられています。見学の際、そこを必ずチェックしましょう。ゴミ置き場がきちんと分別されていて、悪臭がなければひとまず安心です。逆にゴミがきちんと分別されていなかったり、ゴミ容器がゴミ袋から溢れてしまっていたりする場合は要注意です。

2. 共有スペースの状態

集合ポストの一角に設置されているゴミ箱がきれいか、廊下の張り紙が汚れていないか、エントランスの電球が切れていないか、廊下にモノが放置されていないかなどで、そのマンションがしっかりと管理されているかどうかが判断できます。

3. 居住者の様子

マンションに見学に行った際に、挨拶をしてくれるような人が多ければ、マンションコミニティがしっかりと形成されているという判断材料になります。

◉図９：コミュニティ形成への取り組み方

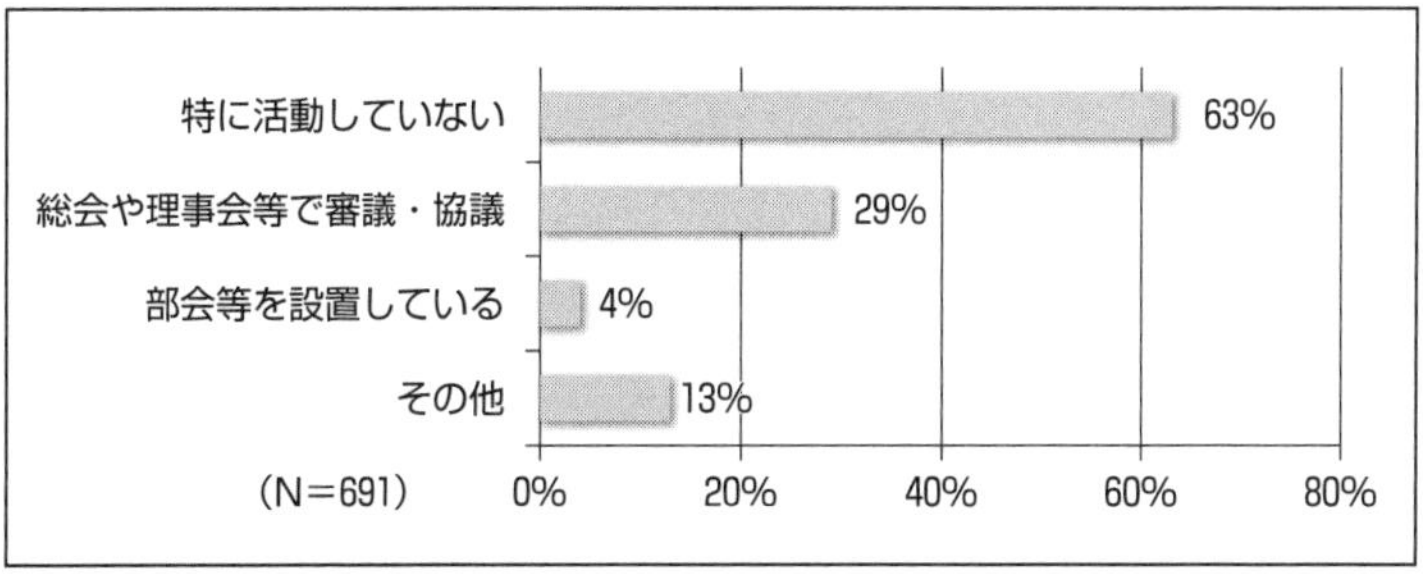

◉図10：行事開催の回数

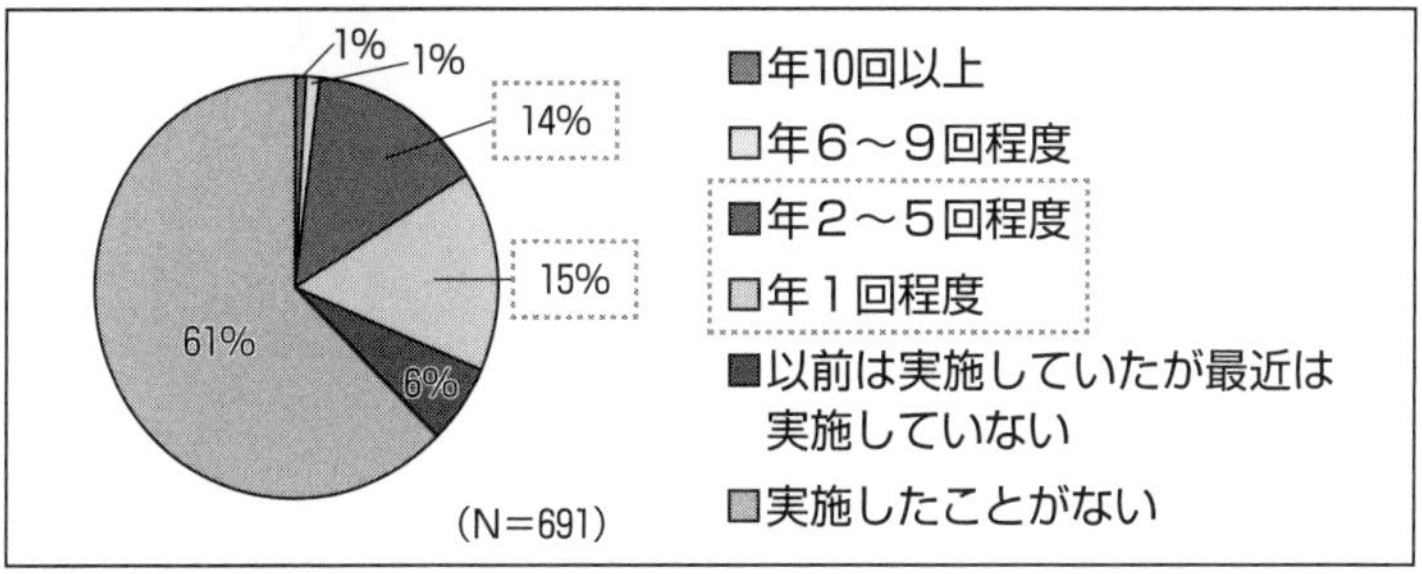

◉図11：開催された行事の内容

回答	%
清掃・美化・資源回収	28%
祭り（夏祭り・秋祭り等）	27%
懇親会	26%
草花の手入れ	16%
防災パトロール	15%
クリスマス会	14%
餅つき	12%
バザー	6%
運動会	6%
旅行	5%
その他	45%

(N=236)

「マンションコミニティ」といっても、特別なイベントを開催するわけではありません。三井不動産が実施したアンケート（「マンション・コミュニティに関するアンケート調査」結果発表/サステナブル・コミュニティ研究会　http://www.mfr.co.jp/company/information/2014/pdf/0213_01.pdf）においても、イベントを実施したことがない割合が約6割、年1回まで含めると全体の8割弱にも及びます（前ページ図9〜11）。

しかしそれでも、マンションを購入して気持ちよく生活する上で、マンションコミュニティの存在は重要になります。マンションを購入する際には「どんなコミュニティが形成されているか？」を確認してみてください。

マンションの管理ってどんな種類があるの？

「マンションは管理を買え！」とよく言われます。

それぐらいマンションの管理は、マンションの住み心地を左右する大事な要素だということなのです。

マンションというと、なんとなく「1階の管理人室に管理人のおじさんがいる」というイメージがありますが、実はその管理体制には次のような3つの種類があります。

①**全面委託管理**：マンションの管理業務を管理会社にすべて任せる形態

②**部分委託管理**：マンションの管理業務のうち一部を管理会社に任せる形態

③**自主管理**：マンションの管理業務をすべてマンションの住民で行う形態（保守点検については専門業者と契約し、委託する）

最近の傾向として、新築マンションでは「①全面委託管理」のケースが多くなっています。最初からどの管理会社に任せるかも決まっているのです。

マンションにおける「全面委託管理」のよい点は、入居者自身の部屋の中以外の掃除は、すべて管理側に任せられることです。

戸建の場合、玄関から庭の掃除まで自分でしなくてはいけません。

「お隣さんの庭の木の葉が玄関先に落ちてきて、毎日のように掃除しないといけない……」なんていう悩みも「全面委託管理」では無縁なのです。

廊下の電気が切れていたり、エントランスが汚れていたりしても、すぐにメンテナンスや掃除をしてくれます。

しかしその分、「②部分委託管理」「③自主管理」に比べると管理コストが高くつきます。

「管理」で何を重視するかは、マンションの管理組合で話し合って決めることができますので、管理形態を変更することも可能なのです。

また管理を委託する場合、管理人の勤務形態も次の3種類に分かれます。

①**常駐管理**：管理人が管理人室に住んで勤務する形態
②**日勤管理**：管理人が通勤して勤務する形態

③巡回管理：管理人が定期的に巡回する形態

常駐は200世帯を超える大規模マンションに多く、日勤は中規模マンションに多いパターンです。

よく見かけるのは、土日は「巡回中」と札が出ており、平日は管理人がいる「日勤管理」ではないでしょうか。

自主管理されているマンションは、とても良く管理されているマンションと、管理が不徹底なマンションに二分されるようです。管理が不徹底な場合、管理費・修繕積立金の金額が不足していたり、滞納している住人が数多くいることもあります。管理費・修繕積立金の状況は調べられますので、もし気になる場合は確認すると良いでしょう。

管理を外部に任せ、より徹底してもらおうとすれば、当然ながら管理費は高くなります。「自分にとってベストな管理はどのような形態なのか？」ということを念頭に、検討材料に加えてみてください。

リアルな口コミが集まる「マンションノート」

住宅を探す時に、リアルな生の情報は欠かせません。

マンションの住み心地はどうか、周辺環境はどうか、マンションの住民同士の交流はどうか。

こういった情報は実際に生活をする上でとても重要な要素なので、購入を検討するマンションを見つけたら近所の人に聞き込みをするのが有効です。

しかし、最近ではこのリアルな生の情報を簡単に確認することができます。それが「マンションノート」というサイト（http://www.mansion-note.com/）です。マンションノートには日本全国のマンションの口コミが１００万件以上集まっています。

マンションの口コミサイトは以前からありますが、口コミの内容が偏っていたり、使い勝手が悪いのが難点でした。この点でマンションノートの場合は、必ず「よい点」と「気になる点」の2つの視点から口コミを書く仕組みになっているのが特徴です。

よい評価、悪い評価のどちらか一方に偏った意見を書けない仕組みにすることで、口コミ情報の信頼性が高くなっているのです。

また投稿された口コミはすべて運営事務局によって目視確認が行われています。明らかに間違った口コミは削除されますし、掲示板サイトのように場が荒れるようなこともありません。

生の情報を地元の人からヒアリングするのは、人によってはなかなかハードルが高いものです。特に男性はそうではないでしょうか？　誰でも気軽に口コミをチェックできるのがウェブのよいところだと思います。

マンションノートの場合、口コミ投稿者の年代や性別も分かりますので、自分と似た人の口コミを参考にすることもできます。

エントランスから部屋までのチェックポイント

中古マンションを購入する際、どうしてもチェックするのは部屋の中に偏りがちです。しかし戸建と異なり、マンションはエントランスから部屋に入るまでの共有部分も生活する上でとても大事な要素なのです。

ここでは、エントランスから部屋までの重要なチェックポイントについて考えましょう。

1．管理人は常駐か巡回か

一定戸数以上のマンションには、管理人がいる場合が多いでしょうが、その管理人が常駐か巡回かによって、セキュリティ面での安心度が異なります。

巡回だった場合、どのくらいの頻度でマンションに来てくれるのかを確認しておくことが必要です。

◉図12：エントランスから部屋までのチェックポイント

- 管理人は常駐か巡回か
- 自転車、バイクはきちんと置かれているか
- エレベーターは汚れていないか
- 外階段・手すりが錆びていないか
- ゴミ捨てはいつできるか
- 宅配ボックスはあるか

2. 自転車、バイクはきちんと置かれているか

自転車、バイクが整頓されているかどうかには、住民のモラルの水準が現れます。もし自転車、バイクが雑然と置かれていたら要注意です。

また駐輪場からマンションの出口まで、スムーズに出し入れができるかどうかも確認してください。

3. エレベーターは汚れていないか

エレベーターに落書き・汚れがないかを確認してください。

4. 外階段・手すりが錆びていないか

外階段・手すりは雨風にさらされて錆びや

すいものです。ここが錆びているかどうかでマンションの補修状況を判断することができます。

5．ゴミ捨てはいつできるか

マンションにはゴミ捨て場が設置されていますが、ゴミ捨て場が荒れていないか、ゴミはいつでも捨てられるかどうかを確認しましょう。

ゴミ捨てが収集曜日などに限定されていると、生活の利便性が一気に落ちます。ゴミ捨てのルールについては、マンション購入前に確認するようにしてください。

6．宅配ボックスはあるか

最近では宅配ボックスがあるマンションが増えてきました。夫婦共働きの場合、不在時の荷物受取りができる宅配ボックスは魅力的です。

なお、マンションによっては、宅配ボックスがなくとも管理人やフロントで荷物を預かってもらえる場合があります。特に大規模マンションで築年数が経っているマンションの場合は、そういうケースがありますので確認しておきましょう。

中古マンションに掘り出し物は存在するか？

結論から言うと、掘り出し物は存在します。

中古マンションなどの不動産を検討していると、営業マンからよく聞かされる言葉があります。

「不動産の価格というのは、市場で決まっています。市場で価格が決まっているので、〝掘り出し物〟というのはありません。欲しい、と思うマンションがあったら、それこそが購入するべきマンションなのです」というものです。

ようするに「いいマンションがあったらそれが買い時です！」というわけです。

しかしこの言葉には語弊があります。

世の中には「激レア」とも言うべき掘り出し物の中古マンションが存在するからです。

営業マンが言う「掘り出し物はありません」という言葉は、「他のマンションを検討するより、早くマンションを購入して欲しい」という気持ちの裏返しにすぎません。「掘り出し物がある」と言ってしまうと、お客の検討時間が長期になることを彼らは知っているのです。

不動産の中でも、特に中古物件には掘り出し物が存在します。
理由は大きく2つ挙げられます。

1. 中古住宅の価値が正しく認識されていないから

1981年の建築基準法改正にともない、日本のマンションの耐震基準は一気にレベルが上がりました。また築15年以降のマンションであれば、価格の低下も止まり、住宅の価値も安定していると言えます。

しかし日本の不動産会社は、中古住宅の価値を正しく判断できない営業マンが多いため、築年数だけで査定金額を出してしまいます。本当は価値があるのに「中古マンションだ」というだけで、不当に評価が低いマンションが存在しているのです。

2.「早く売りたい」特別な事情がある売り主がいるから

中古マンションなどの中古住宅の場合、売り主はたいてい「個人」です。住宅を売りに出すからには、売り主には「売りたい理由」があります。理由もなく住宅を売ることはあり得ないのです。

そしてその理由が「○○月までにお金がないと困る」というように期限が決まっている場合があります。例えば今住んでいるマンションを売却して新築マンションに買い換える売主の場合、新しく買うマンションの決済のタイミングまでに売却を完了させる必要があります。気に入ったマンションが見つかり、購入の契約を済ませると決済までの時間にあまり猶予がありません。このようなケースですと、マンションを早く売却するために値段を下げてマンションを売りに出すケースがあるのです。

売り主が売り急いでいるがゆえに価格が低いマンションは、まさに「激レア中古物件」となる可能性が高いと言えるでしょう。

資産価値が落ちない中古マンションの条件とは

中古マンションの購入を考えたとき、まず注目したいのが「エリア」です。住宅選びは立地条件が8割を占めるといっても過言ではありません。

将来の値上がりを期待してマンションを購入する場合、確実な方法は「再開発エリア」を狙ってマンションを購入することです。駅前や施設の大規模開発、道路の整備などは数多く計画されており、このような再開発が行われたエリアというのは資産価値が高まる条件を備えていると言えます。

東京都の最近の例で言えば、豊洲は7~8年前まではとても価格がお手頃でしたが、再開発が進み、東京オリンピックの予定地にも決定したことで、その住宅価格はうなぎ登りになっています。

再開発が行われるかどうかは、自治体のホームページなどで確認できます。

その他の都内で最近話題のエリアとしては、「品川駅～田町駅の新駅計画」「中野駅周辺のサンプラザ解体に合わせた駅前大規模開発」「飯田橋駅のホーム移動プロジェクト」「築地市場の移設」などがよくニュースで取り上げられます。

一方、昔から建っているような鉄筋コンクリートのマンション、ビルなどが多いエリアはなかなか再開発が進みません。

街としてすでに完成されており、権利者も多いことからあえて新しい建物を建てて開発をしよう、とはならないのです。

値上がりするとまではいかなくとも、資産価値が保たれるマンションを購入しようとした場合、避けたい場所としては、幹線道路沿いのマンションです。

都内など大都市圏では、どうしても幹線道路沿いのマンションが多くなります。幹線道路の数が多く、またマンションを建てる際の建築制限を受けにくいからです。

しかし幹線道路沿いのマンションは騒音や劣化が激しいのが難点です。車の通行量が多く、排気ガスも気になる問題です。

資産価値が落ちにくいマンションとしては、昔からの住宅地にあるマンションはお勧めです。

新築マンションの場合、建設用地を見つけるのが難しいため、工場跡地や新しい埋め立て地に建てるケースが多いのですが、中古マンションであれば、好立地の掘り出し物を見つけることもできます。

駅距離が近く、眺望がよかったり、近くに公園や生活施設が充実している理想の住環境でマンションを探すことが可能なのです。

立地と合わせて注目したいのがマンション自体の状態です。

「人が住まなくなると、住宅は一気に老朽化する」とよく言われますが、これはまさに真理です。日頃のメンテナンスや換気などをしっかりと行っているマンションは、住宅の状態が良好に保たれています。

マンション見学の際は、ぜひ売り主に今までどれくらい修繕のリフォームを行ってきたかを聞いてみてください。定期的に修繕を行ってきた売り主であれば、きっとマンションを丁寧に使ってきたはずです。

丁寧に使われた、状態のいいマンションこそが狙い目なのです。

ハザードマップ・液状化マップ・登記簿で マンションの安全性を確認しよう

マンションの購入を考える際、間取りや周辺環境など見た目の条件だけでなく、目に見えない「土地」の情報も重要です。特に水害・液状化に対してどれだけ強いかが問題になってきます。東日本大震災では各地で液状化が起こり、実際にマンションに被害があっただけではなく、エリアとしての資産価値にも大きな影響がありました。

液状化マップは各市町村ごとにホームページで公開しています。埋め立て地や、川の近く、また地名に「水」「池」「沼」など水に関連する単語が入っているエリアは要注意です。

また大雨や台風が来た時にどういう状況になるかは、ハザードマップで調べることができます（国土交通省ハザードマップhttp://disapotal.gsi.go.jp/index.html）。戸建の場合、大雨や台風の影響をモロに受けますが、マンションでも油断は禁物です。2階以上の人は「高層階だから大丈夫だろう」と考えるかもしれませんが、1階部分が水浸しになることによって、マンションとしての資産価値に大きな影響をもたらしかねません。またその清掃費用もマンションの管理費から拠出することになりますので、影響は大きいのです。

ハザードマップと併せて、実際に過去にどのような浸水被害があったかを各市区町村ごとにホームページなどで調べることが可能です。ハザードマップで浸水予想があったとしても、過去に浸水実績がなく、治水工事などの対策を行っているエリアはそこまで心配する必要はないのかもしれません。

さらに、気をつけておきたいのが土壌汚染です。マンションが建っている土地が汚染されていると、言うまでもなくマンションの資産価値は下がってしまいます。土壌汚染を確認する簡単な方法としては「登記簿謄本」を確認する方法があります。

登記簿謄本は、いままでこの土地にどんな建物が建ち、どんな人が所有してきたかという「土地の履歴書」とも言うべき書類です。登記簿謄本は自分で法務局に行っても調べられますし、ネットで請求することも可能です。またマンション購入を相談している不動産会社にもらうこともできます。登記簿を確認することで「過去にどんな建物が建っていたか」がわかります。もし、過去に「工場」「クリーニング屋」「写真屋」などの履歴があった場合は要注意です。これらの施設では薬品を使うことも多く、その薬品が土壌を汚染している可能性があるからです。

不動産会社が土地を買い取る際、過去にこのような施設があった場合は、専門の会社に依頼して、土壌がどの程度汚染されているかを調査します。土壌の改良には数千万円～数億円レベルの費用がかかるため、汚染が深刻な場合は絶対にその土地を購入することはありません。

個人がマンションを購入する際にはそこまで手間をかけられないので、過去にそのような施設が建っていたら購入の選択肢から外すのが無難です。

意外とかかる？　マンション購入の諸費用

マンションに限らず、不動産の購入では多額のお金が動きます。

やりとりする金額が数千万単位になるというのは、普通の買い物との大きな違いですが、それ以外にも「そもそもマンション自体の金額のほかに、付随する諸費用がかかる」というのも、不動産の購入ならではのことだと思います。

マンション購入には大きく分けて４つの経費がかかります。

1．仲介手数料

マンションを購入する上で一番大きい費用が「仲介手数料」です。仲介手数料は不動産会社に成功報酬として支払う金額になります。

金額の計算方法は以下の通りです。

仲介手数料＝マンションの金額×3・24％＋6万4800円

※消費税が増税された2014年4月1日以降の場合です

※仲介手数料は消費税込み金額です

6万4800円というのがとても気になると思います。

これはマンション価格の400万円以下の部分が「3・24％」という割合よりもちょっと高いので、計算を簡単にするために足している数字になります。

仮に2000万円のマンションを購入した場合、約71万円の仲介手数料がかかります。

2.登記関係

マンションを購入すると「確かにこのマンションはあなたのものですよ！」という証明を受けるために国に登録をする必要があります。

この登録のことを「登記《とうき》」と呼んでいます。登記は専門家である司法書士にお任せすることになります。

仮に2000万円のマンションを購入した場合、約20万円の登記費用がかかります。

3. 融資関係

マンションを購入する際には、ほとんどのケースで住宅ローンを利用するでしょう。住宅ローンを借りる際に「万が一、住宅ローンを払えなくなったときに、保証会社が銀行に対して支払いを約束します」という保証を付けることになります。

この約束のことを「住宅ローン保証料」と呼びます。

住宅ローン保証料とともに、それにかかる事務手数料なども含めると、仮に2000万円のマンションを購入した場合、約43万円の費用がかかります。

4. 検査代・その他

すでに述べたように、中古でマンションや戸建てを購入する際、「ホームインスペクション」と呼ばれる住宅のチェックや、「瑕疵保険」といって万が一、住宅に欠陥が見つかったときに保証してくれる保険に入ることをお勧めします。

これらの検査・保険へ加入することで、万が一の場合の安心・保証や、住宅ローン・税金での優遇があるからです。

こういった検査・保険に大体15万円程度かかります。もし一切、検査・保険が要らないということであれば、この費用はかかりません。

また住宅が火事になった場合の保証として火災保険への加入も必要になります。以前は住宅ローンを借りるための前提として「火災保険に入ること」という条件がある場合がほとんどだったのですが、最近では加入を必須としないケースも増えてきました。

仮に２０００万円のマンションを購入した場合、約12万円の火災保険費用がかかります。

以上４つの費用を足し合わせると、約１６０万円程度の費用が発生することになります。

例えば仲介手数料を割引してもらったり、不要な検査・保険を外すことで若干値段を下げたりすることは可能ですが、最低限１５０～２００万程度は必要になると思っていた方が安全です。

こうした住宅購入に伴う諸経費は、現金で用意することをお勧めします。諸経費に対して融資をしてくれる金融機関もありますが、金利が割高になり債務が膨らんでしまうからです。そうすると将来、債務超過になる可能性があるので、最初に現金としてマンションの代金を支払う頭金に加え、諸経費分の現金を用意しておくべきでしょう。

間取りはここに着目！　5つのチェックポイント

理想のマンションの部屋とはどんなものでしょうか？　好きなインテリアや家具、もしくは漠然と広い部屋などのイメージはできますが、「理想の間取り」となるとなかなかイメージしづらいものです。間取りは日々の生活のしやすさに直結します。

60ページでも説明しましたが、ここではさらに踏み込んで具体的にマンションの間取りで失敗しないためのチェックポイントを見てみましょう。

1．水回りは一カ所に集まっているか

第一のポイントとしてマンションの水回り（キッチン・浴室・トイレ）が隣り合っているかを確認してください。よく見かけるのが、廊下を挟んでキッチンとトイレが分断されている間取りです。水回りが分断されていると水回りのトラブルの際に修理が大変です。また水回りが離れていると、将来リフォームをする際、大がかりな工事となってしまい、

コストがかさみます。

2．廊下で部屋が分断されていないか

また部屋が廊下の左右に分かれていない間取りがお勧めです。ファミリータイプのマンションの場合、子供部屋も含めて2ＬＤＫ～3ＬＤＫの間取りが一般的でしょう。将来子供が独立したとき、空いた寝室とリビングをひとつにすることでライフスタイルに合わせた住空間に変更することが可能です。部屋をひとつにする場合、廊下を挟んでいるとリフォームに限界があるので注意してください。

3．リフォームを念頭においておく

マンションを購入するのは20代後半から30代の年齢層が一番多いので、夫婦のみか、子供がいても小さい子が一人か二人という家族がほとんどです。子供が独立するまではまだ時間がありますので「先のことなど考えられない」と思うかもしれませんが、将来のリフォームは念頭においておいた方がいいでしょう。

中古住宅を購入をする一番のメリットは自分のライフスタイルに合わせて、家を自分たちの好みに変えられることです。子供が独立した後、子供部屋がそのまま物置になってし

まう家が多いのは、とてももったいないことです。

4 天井の高さにも要注意

間取りを見る上では天井の高さも重要になってきます。

間取りは「2D（2次元）」ではなく「3D」で捉える必要があります。天井の高さが違うだけで、開放感がまるで違ってきます。通常のマンションでは2・5〜2・6米《メートル》ぐらいの天井高が普通ですが、2・8米《メートル》ぐらいあるのが理想です。マンションの建主であるディベロッパーが利益を求めすぎると、天井高が削られマンションの階数を増やそうとしがちです。建築基準法では一応2・1米《メートル》の天井高があればいいことになっていますが、これではあまりに圧迫感が強くなります。不動産会社の営業マンが持っている間取り図では天井高はわかりづらいですが、完成したマンションや中古マンションであれば現地でメジャーを持って実際に計ってみるといいでしょう。

5 下がり天井をチェックしよう

また間取りを3Dで捉える際に注意したいのが下がり天井です。マンションの壁の一部が梁《はり》によって出っ張りになっている部分のことです。マンション見学の際は「まぁ、いい

◉図13：下がり天井の図面

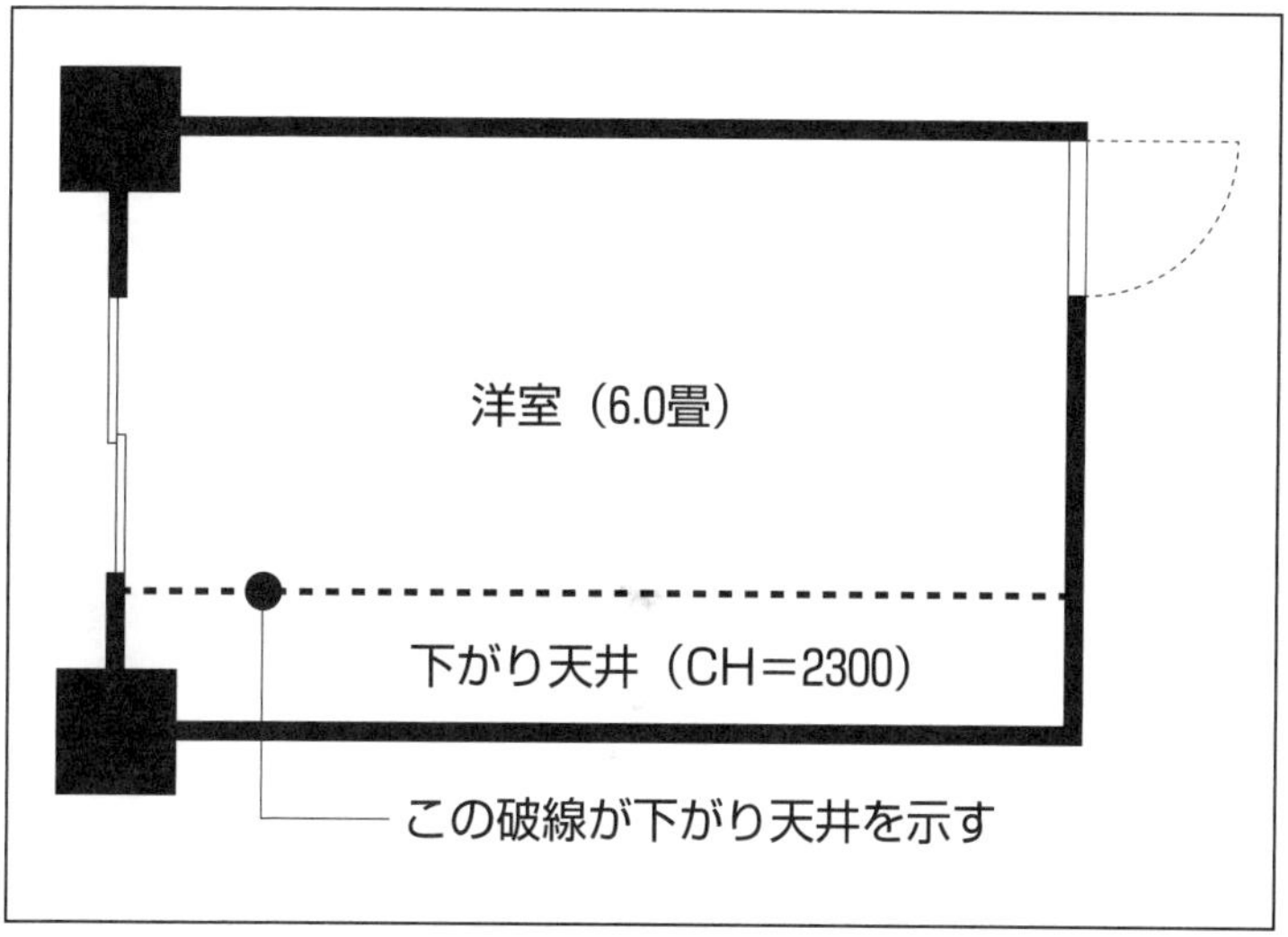

か」と思いがちですが、実際に家具を入れてみると部屋に収まらなかったり、想像以上に使い勝手が悪かったりします。

下がり天井は図面上では破線で記載されています。下がり天井には配管が入っていたり、マンションの構造上どうしても必要な部分だったりしますので、リフォームでなくすわけにもいきませんが、「はたして、この下がり天井は邪魔にならないか？」という視点で注意深く確認するべきです。

お得にマンションが買える「借地権」マンションとは

マンションを探していて「おっ、このマンション安いな！」と思ったとき、広告を良く見てみると「借地権」と書いてあることがあります。

借地権とは読んで字のごとく「土地を使わせてもらう権利」のことです。あくまでも「土地を使う権利」なので、土地があなたの物になるわけではありません。

では誰のものかというと、神社や病院などが多いのですが、地主さんのものなのです。

借地権と対になるものとして「所有権」があります。これは完全に土地があなたのものになるので、建物を建てようが、建物を解体しようが、穴を掘ろうが、あなたの自由というわけです。

借地権の場合は、何かをしようとすると基本的に地主さんの許可が必要になります。

借地権のメリットは、何と言っても価格が安いことです。マンションの場合、所有権の

◉図8：借地権

借地権の種類

■旧法借地権……借り主の権利が強い。基本的に借り続けることが可能。
■定期借地権……1992年にできた新しい制度。一定期間のみ土地を使える。

払わなくていい費用	払う必要がある費用
土地の固定資産税	毎月の地代
土地の都市計画税	更新料
土地の登録免許税	譲渡承諾料
土地の不動産取得税	

相場の7～8割程度。戸建の場合、所有権の相場の6～7割程度まで購入価格が落ちます。

また土地はあなたのものにはなりませんので、土地の固定資産税、都市計画税といった土地の取得にかかわる税金がかかりません。もちろん、借地権も立派な「権利」ですので、基本的には他の人に売却することもできます。

一方で、毎月の費用として、地主さんに支払う地代があります。これはマンションの場合、数千円～2万円程度、戸建ての場合、1万～4万円程度といったところでしょうか。

少しマニアックな話になりますが、借地権には「旧法借地権」と「定期借地権」の2つがあります。

「旧法借地権」は旧法と名前がついています

が、借地権のメジャーな種類です。

借りる側の立場が強く、土地を使う権利も賃貸マンションと同じように数年に一度の「更新料」を支払っていればずっと保たれます。

住宅ローンの利用も、銀行によっては断られる場合もありますが、基本的に所有権と同じように利用することができます。

一方「定期借地権」は1992年にできた新しい制度で、現状では少数派ですが、最近の新築マンションにはこちらのほうが多いかもしれません。

これは読んで字のごとく「一定期間」しか土地を使えない権利のことですので、最終的には建物を更地《さらち》にして地主さんに返さなければなりません。「一定期間」とは50年ほどの期間のことが多いのですが、「じゃあこの期間が終わったら本当に建物を壊さないといけないのか？　まったく契約を更新することはできないのか？」という疑問がわきます。

しかし、世の中にまだ定期借地権の期間が満了したマンションが存在しないため、誰も明確に「こうなる」とは言えないのが現状です。

また、定期借地権では、新築では住宅ローンも借りることができますが、中古マンションとして購入する場合、貸してくれる銀行はかなり限られるようです。

マンションの売買もコミュニケーション！

中古マンションの購入で売り主と交渉する際に、心がけたいのは「売り主と仲良くする」ということです。

大変残念ながら、売り主と買い主がケンカしてしまうケースがあります。

これはどちらが悪いというわけではありませんが、買い主が真剣であるがゆえに言い争いになってしまうケースが多いようです。

具体的には、次のようなシチュエーションが起こりがちです。

1. 質問が多すぎる

一番多いのがこのケースです。

買い主がマンション購入に真剣であるため、あれこれ細々とした質問をしすぎてしまうのです。普通の質問であれば良いのですが、なかには答えられないような質問が出されることも多いのです。

「上の階と下の階にはどんな人が住んでいますか？　どんな家族構成で、トラブルとかはありませんか？」

「水回りが汚れているのですが、あと何年ぐらい使えますか？」

などといった質問は、売り主の方もなかなか答えられるものではありません。

また、むやみにマンションの欠点を指摘したりするのも考えものです。誰だって、自分の家を悪く言われると傷つくものです。売り主のマンションの欠点を指摘するのではなく、まずはマンションの良い点をほめるようにしましょう。

売り主も人間です。こちらが「こぶし」を握っていると、相手も「こぶし」を握ってしまいます。十分にマンションの良い点をほめた後に聞きたいことについて質問をすれば、気持ちよく質問に答えてもらえるはずです。

2．無茶振りをする

売り主が個人の場合、特に無茶振りな要求をするのは禁物です。

「水回りの設備について、購入したときのパンフレットをすべて用意してください」

「どの部分について、いつリフォームをしたか、完璧にわかるように一覧表を作ってください」

といった具合に、こと細かな要求をする買い主を見かけますが、はたして自分がそう言われたら対応できるのでしょうか。

売り主も「そんな無茶振りばかりするような人にマンションを売りたくない」といって購入申し込みを断ってしまうといったケースもあります。

良識を持った対応を心がけ、依頼内容には注意するようにしましょう。

3. 値切り過ぎる

軽い気持ちで値引き交渉をするのも、売り主に嫌われる原因になります。購入希望金額の提出は、最大でも3回を限度に考えてください。

5000万円のマンションは決して4000万円にはなりません。

例えば、「とりあえず、3500万円で購入申込書を出して、そのあと200万円ずつ増額して出していこう」といった風に考える買い主も見かけましたが、売り主からすると「そんなに足元を見てくるような人とは契約したくない」と感情的になってしまうのも無理からぬところではないでしょうか。

買う方からすれば、値切りたいのはやまやまですが、そもそも気に入ったマンションを売ってもらえなければ元も子もありません。

値引き交渉はくれぐれも慎重に行いましょう。

ケンカするのとは逆に、売り主と仲良くなると「グッ」と交渉がスムーズにいくようになります。売り主も「一人の人間である」ということを念頭において、ぜひ売り主と良好なコミニケーションを築けるようにしたいものです。

値下げ交渉をしやすい中古マンションの見抜き方

気に入った中古マンションが見つかったとき、気になるのは「値下げ交渉ができるかどうか」ということです。

値下げ交渉ができるかどうかは、中古マンションの売り主が「不動産会社」か「個人」かに左右される場合が多いでしょう。ちなみに「不動産会社」か「個人」かは、広告にその旨の記載があります。

実は、中古マンションの持ち主（売り主）が不動産会社の場合、値引きしてくれるかどうかはあらかじめ大体決まっています。

不動産会社は月、半年、一年単位などで「これだけの売り上げを上げなければならない」という営業の目標が決まっていますし、「いつまでに売らないといけない」という制約があります。そうした制約を見据えた上で、「これぐらいまでの金額なら、値引きしてもいい」

とあらかじめ算段がついているのです。

人気のエリアや、お買い得感が強い中古マンションでは、なかなか値引きはしてくれないかもしれませんが、「いますぐに契約するとしたら、いくらぐらいまで値引きしてもらえますか」という交渉はしてみてもいいでしょう。

中古マンションの持ち主が個人の場合、値引きしてくれるかどうかは相手の状況によります。

例えば、売り主がすでに新しい住宅を購入しており、ローンの返済がダブルになっていて家計が苦しかったり、次に住む新しいマンションの購入時期が決まっていて、いつまでにマンションを売らなければならないという期限があるような場合も、値下げ交渉の余地があります。

反対に、売り主が中古マンションを売却するのに時間的な余裕を持っていて、いつまでに売らないといけないということが特にない場合は、値下げ交渉は難しいと考えるべきでしょう。

また中古マンションの持ち主が複数人いる場合も、値下げ交渉は難しいケースが多いでしょう。相続をして、中古マンションの権利を兄弟・親族で分け持っている場合、誰かが「値下げをしてでもマンションを売却しよう！」と言ったとしても、他の人が「そんなに安く売ることはない」と反対したりするようなことがあるからです。

このようなケースでは、交渉できたとしても数ヶ月～1年程度の時間がかかることも珍しくありません。

値下げ交渉は売り主が1名、もしくは夫婦の2名など、権利関係者が少ないマンションについて行うのがセオリーと言えます。

第3章

とっても大事なお金の話

マンションの価格が適正かどうか確かめる方法

気に入ったマンションを見つけたとき、気になるのが「はたしてこのマンションは相場と比べて高いのか？　安いのか？」ということです。

マンションの相場観は、物件を数多く見ているうちになんとなくわかってきます。このエリアでこのぐらいの広さ・築年数ならいくらぐらい、という感覚がつかめてくるのです。しかし検討エリアが広範囲だったり、マンションを探し始めてまもないタイミングで気に入ったマンションが見つかったりした場合は、相場観を養うよりも過去の取引事例を確認した方が良いでしょう。

気に入ったマンションとなるべく同じ条件の取引事例を確認することによって、購入しようとしているマンションの価格が妥当かどうかを確認します。

こうした過去の取引事例は「レインズ・マーケット・インフォメーション」というウェブサイト（http://www.contract.reins.or.jp/search/displayAreaConditionBLogic.do）で確認す

ることができます。

レインズ・マーケット・インフォメーションは、全国指定流通機構連絡協議会が運営・管理しています。「レインズ」は不動産会社だけが使える不動産情報の共有システムのことですが、レインズ・マーケット・インフォメーションはレインズに登録されている過去の取引事例を閲覧できるシステムなのです。

個人情報の観点から、マンション名などの詳細情報までは閲覧できませんが、以下の項目で条件を絞り込むことが可能です。

・地域
・沿線
・最寄り駅

・駅からの距離
・単価
・専有面積
・間取り
・築年数
・成約時期
・用途地域

取引事例を知ることによって、不動産会社の営業マンの意見だけでなく、客観的な事実を元にマンションを検討することができます。

気に入ったマンションが見つかったらぜひ、相場を確認してみてください。

万が一のとき、買ったマンションを賃貸に出せる？

マンションを購入するタイミングというのは、たいてい、その人の人生の慶事と重なっています。結婚や出産など、これからの人生が光り輝いているタイミングで住宅は購入されるのです。考えてもみてください。失業や離婚に合わせて住宅を購入する人はめったにいません。

そんな人生が楽しくて仕方がない時期に、〝万が一〟を考えるのは気が乗りませんが、用心に越したことはありません。人生何があるかわからないからです。

離婚や転勤などで購入したマンションに住めなくなったとき、最初に考えるべきは「賃貸に出せるかどうか？」ということです。

もちろんマンションを売却するという方法もありますが、売却できるまでに時間がかかります。

賃貸であれば、キャッシュフロー（お金の流れ）がプラスになればその分を貯金することも可能です。

マンションのキャッシュフローは次の数式で考えます。

マンションのキャッシュフロー＝家賃収入－毎月の経費

家賃収入とはその名の通り、マンションを貸しに出した場合の毎月の賃料です。

ＨＯＭＥ'Ｓなどの不動産ポータルサイトで、購入しようとしているマンションとなるべく条件の近い賃貸物件を探してみてください。

中古マンションによっては、同じマンションの中で賃貸に出されている部屋があるケースもありますので、それらの賃貸物件の賃料を平均して家賃収入を想定してください。

毎月の経費はマンションを所有することでかかるコストの合計になります。

マンションを所有する際のコストには、以下のような項目があります。

・住宅ローンの支払い

・修繕積立金

◉図9：マンションのキャッシュフロー

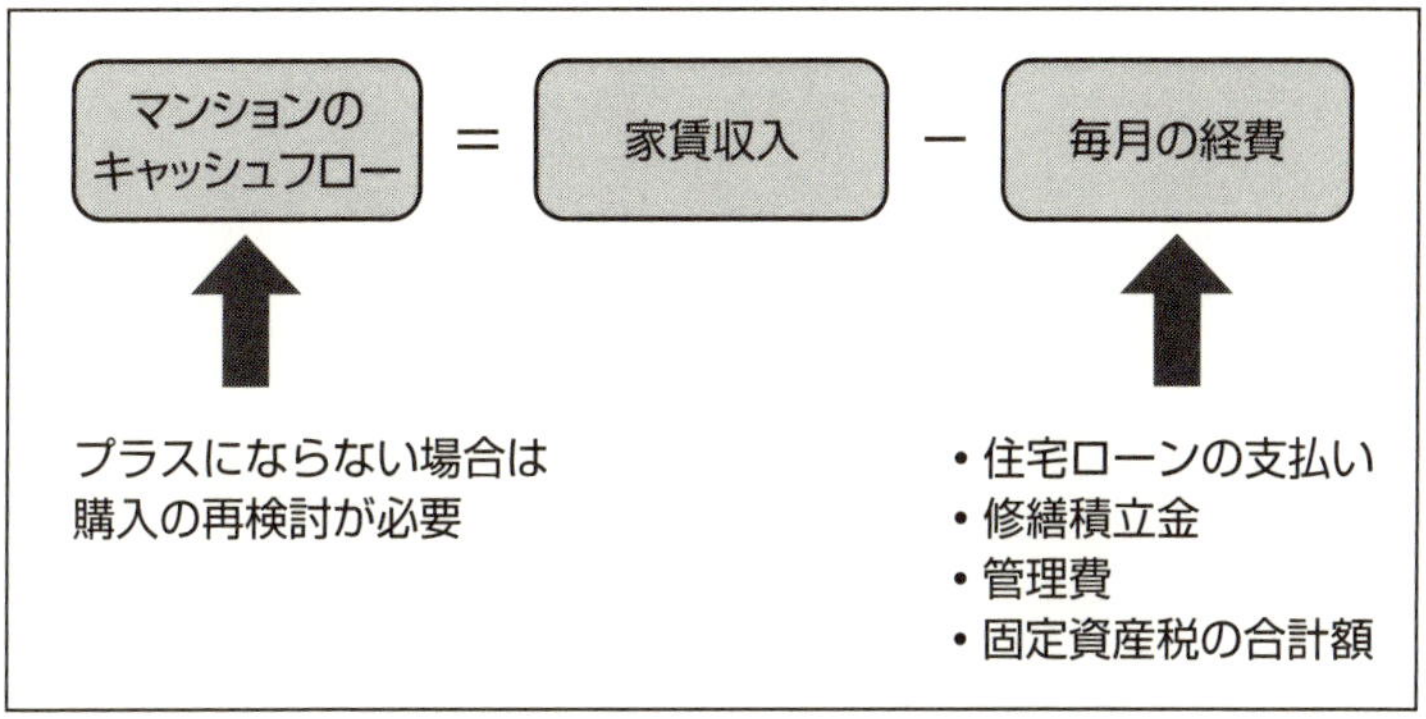

・管理費
・固定資産税

住宅ローンの支払いが毎月どの程度になるかは、銀行などのウェブサイトにある住宅ローンシミュレーションを使えば簡単に計算することができます。

修繕積立金・管理費は、マンションの販売図面に記載してあります。

固定資産税については、年間一括での支払い、もしくは4分割しての支払いになりますので、1年間で支払う総額を12ヶ月で割り、毎月の平均金額を計算してください。1年間で支払う総額は、営業マンに質問すればすぐに教えてくれます。

もしマンションのキャッシュフローがマイナスになるようであれば、そもそもマンションを本当に購入して良いか考える必要があります。

毎月の経費を抑える最も有効な方法は頭金を増やすことです。もちろん、返済期間を伸ばせばその分毎月の支払い金額は減りますが、返済総額で見たときに金利の支払いが膨れ上がってしまうことになります。

頭金を増やせれば増やせるほど借入金が少なくて済み、その分毎月のキャッシュフローが安定するのです。

マンション購入の頭金は一体いくらぐらい必要？

マンションなどの住宅を購入する際、多くのケースでは「頭金＋住宅ローン」という形で支払うことになります。

頭金とは、最初に支払う現金のことを言います。預貯金から頭金を捻出する場合が多いのですが、親からの贈与金などを頭金にするケースもあります。

ではこの頭金は一体どの程度の金額を用意すれば良いのでしょうか。

以前は、住宅ローンで有名な住宅金融公庫（現在の住宅金融支援機構）が、住宅ローンの金額は「物件価格の8割までしか貸しません」というルールを定めていたので、「物件価格の2割は現金を用意しなければならない」というイメージがありました。

現在ではマンションなどの物件価格に対して全額住宅ローンを貸してくれる金融機関が多いことから、必ずしも頭金は必要ではなくなっています。

それよりもむしろ、マンションの購入にかかる諸経費（仲介手数料など物件価格の約10%）を用意する方が重要になってきているのです。

ただ新築物件の場合、住み始めた瞬間にマンションの価値が2割下がってしまうという危険性があります。そのため、マンションの購入金額のすべてを住宅ローンで借りてしまうと、何らかの理由ですぐにマンションを売らなければならない事情が生じた場合、債務超過に陥ってしまう可能性があります。

もし新築で住宅を購入しようという場合、やはり頭金は購入金額の2～3割あった方が無難でしょう。

もしあなたが購入しようとしているマンションが中古マンションである場合、頭金がないフルローンでも問題はありません。もちろん、頭金を用意できるのであれば、その分、借入金額が減り、住宅ローンの利子も減りますので、入れるに越したことはありません。

住宅ローンの最適な返済金額は？

前項に見たように、マンションなどの住宅を購入する際、多くの人が住宅ローンを利用してマンションを購入することになりますが、住宅ローンは最長35年と、非常に長期に渡る返済になりますから、返済計画の立て方がとても大事になります。

不動産は基本的に価格が上がれば上がるほど、価値が高くなります。1000万円違えば、マンションのグレードはかなり変わってしまうのです。

「できるだけいいマンションに住みたいけど、どれぐらいの価格のマンションを購入すればいいんだろうか……」と悩むのは当然のことです。

住宅ローンの借入上限や、どのくらいの返済額になるのかは、次のようなウェブサイトの住宅ローンシミュレーションで確認することができます。

◉図10：毎月の住宅ローン支払い可能額

```
毎月の住宅ローン支払い可能額 = 住宅にかけられる総額[毎月の家賃 + 住宅購入のための積立金] − 住宅ローン以外に毎月かかる経費[都市計画税 + 固定資産税 + 管理費 + 修繕積立金 + 駐車場代]
```

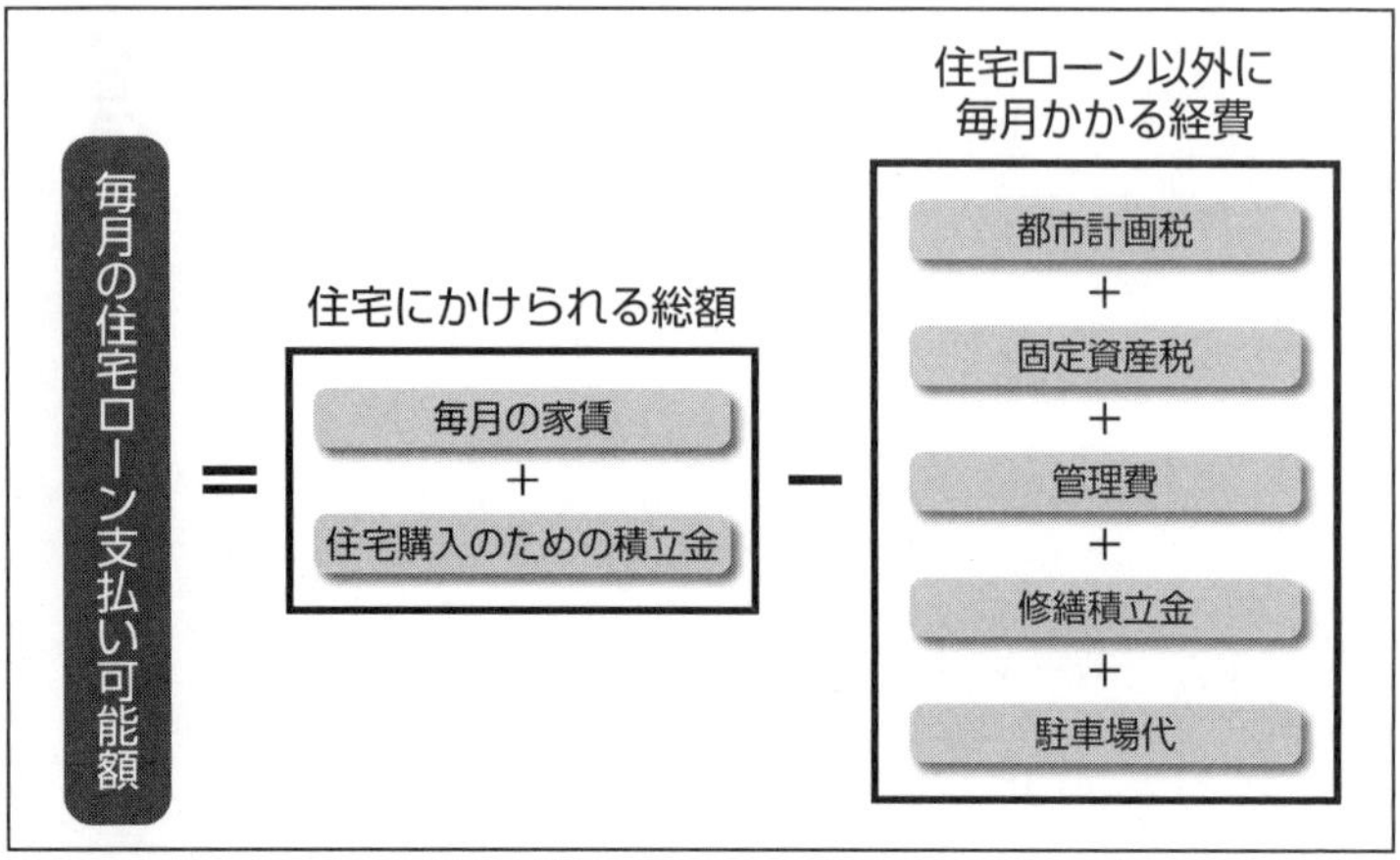

・住宅保証機構株式会社　住宅ローンシミュレーション

https://www.hownes.com/loan/sim/

・フラット35　住宅ローンシミュレーション

http://www.flat35.com/simulation/

不動産会社の営業マンは、仲介手数料を上げたいがために、高額なマンションを紹介してくることがあります。しかし、まずチェックすべきポイントとしては「自分は毎月いくら住宅ローンの支払いに充てられるのだろう」ということです。

毎月の住宅ローンの支払い可能額は、おおよそ次のような計算式で算出できます。

毎月の住宅ローンの支払い可能額
＝毎月の家賃＋住宅購入のための積立金－（都市計画税＋固定資産税＋管理費＋修繕積立金＋駐車場代）

マンションの購入を考えている人は、毎月マンション購入のためにお金を積み立てていると思います。そこで、まずは毎月住宅を賃貸で借りている場合は、その家賃と積立金を合算して総額を確認しましょう。

マンションを購入すると、固定資産税などの税金や、毎月の管理費・修繕積立金なども支払うことになります。

こういった経費をすべて「家賃＋積立金」から引いた後に、「毎月支払いを行うことができる金額」が出てきます。住宅ローンを借りる際は、この金額で返済が収まるようにすれば一つの目安となるでしょう。

住宅ローンの年収負担率は25％以内に収める

住宅ローンの借入金額を決めるもうひとつの目安としては、年収負担率という考え方があります。

ここで言う年収とは、住宅ローンを借りる人の「税込み」の年収になります。私がお勧めしているのは、年収負担率を25％以内に収めるという考え方です。年収が税込み６００万円であれば、毎月12・５万円までなら返済できるという計算になります（６００万円×０・25÷12ヶ月＝12・５万円）。

「もう少し、返済できるよ」と考える人もいるかもしれませんが、この程度に収めておいた方が無難です。人生とは先々、何が起こるかわからないからです。

例えば、今は子供が小さいかもしれませんが、大きくなるにつれて養育費はどんどん増えていきます。また、見通しのつきづらい世の中ですから、将来年収が下がったり、勤めている会社を退職しなくてはいけなくなるかもしれません。
そう考えると、少しずつ貯蓄を行い「万が一」に備えるとともに、余裕のある住宅ローン返済の計画を組んでおくことが望ましいのです。

ボーナス併用払いでボーナスを返済計画に含めると、住宅ローン金額の借入上限額はグッと上がります。そうなると、ついついボーナスを返済計画に含めたくなりますが、できればそれは避けた方が良いでしょう。

ボーナスは会社の業績に左右されるものなので、いつまでもらえるかわかりませんし、会社の方針が変わり現金ではなくストックオプションでボーナスが支払われることになるかもしれません。そうしたことも勘案し、ボーナスは返済計画に含めるのではなく、いったん貯蓄に回しておき、実際に貯蓄に余裕が出てきたら繰り上げ返済をするというのがお勧めです。実際ある調査では、住宅ローンの返済期間は約14年で、平均約11年で繰り上げ返済されているということです。

住宅を購入することは、とても夢のあることです。しかし、その夢が悪夢にならないよう、現実的な返済プランを立てる必要があります。

住宅ローンの返済期間をどうするか？

住宅ローンの借り方で悩ましいのが、「どれだけの期間に渡って借りるか」という問題です。

住宅ローンの借入期間を伸ばせば伸ばすほど、月々の返済額を増やさなくても総額で借りられる金額は増えていきます。

毎月同じ金額を返済していても、20年と35年では大きな開きがあります。毎月10万円の住宅ローンを支払っていたとしても、返済期間が20年であれば借入金額１８０３万円、返済期間が35年であれば借入金額２５９８万円になります。

逆に言えば、同じ借入金額であっても、返済期間を伸ばすことで毎月の返済金額を抑えることができるのです。

「それじゃあ長く借りていた方が得だな！」と言えるのかというと、もちろんそうでは

◉図11：ローン返済シミュレーションの例

金利3％で毎月10万円の支払いをした場合の借り入れ可能額

返済期間	毎月の支払額	借り入れ可能額
10年	100,000	10,350,000
15年	100,000	14,480,000
20年	100,000	18,030,000
25年	100,000	21,080,000
30年	100,000	23,710,000
35年	100,000	25,980,000

金利3％で1000万円の借り入れをした場合の支払い総額

返済期間	毎月の支払額	支払い総額
10年	96,561	11,587,289
15年	69,058	12,430,470
20年	55,460	13,310,342
25年	47,421	14,226,339
30年	42,160	15,177,745
35年	38,485	16,163,708

ありません。言うまでもなく、長期間に渡って住宅ローンを借りれば借りるほど、利息を多く支払わなければならないからです。

例えば住宅ローンを1000万円、返済期間20年間、金利3%で借りた場合、20年間に支払う利息の合計は331万円になります。

もし仮に、同じ1000万円を返済期間30年で借りた場合、なんと利息は518万円と「187万円」も増えてしまうのです。

住宅ローンとは、多くの人が即金で買うことがかなわない高額な商品（住宅）を、自分のものにできるようになる素晴らしい仕組みです。しかし、その代償として期間に応じた「利子」の支払いが発生します。

安易な支払い期間の延長は、長い目で見れば多大なマイナスをもたらします。可能な限り短い期間で住宅ローンが返済できるように、計画を立てるべきです。

住宅ローンを借りるための審査基準とは？

住宅ローンは誰でも借りられるわけではなく、住宅ローンを融資する「金融機関」の審査が存在します。言うまでもなく、その「審査」が通った人だけが住宅ローンを借りられます。

仮に住宅ローンの審査がおりなかった場合、売買契約は白紙に戻されます。

住宅ローン審査が通らずにマンションの売買契約が白紙に戻った場合、マンションの売買金額のうち一部を先払いする「手付金」はそのままの金額が買い主に戻ってきます。まさに文字の通り「白紙」に戻るということです。

では一体、どのような基準で住宅ローンは審査されているのでしょうか。実は、あまり不動産そのものの価値は確認されません。もちろん書類上はどのような住宅であるかが確認されますが、実際に物件を見たり、現地の状況を確認したりすることはありません。

それよりも「住宅ローンを借りようとしている人がどんな人か」ということがチェックされます。具体的には、その人の「年収」と「雇用状況」です。年収が高い人ほど、多くの金額の住宅ローンを借りることができます。それは単純に年収が高い分、返済能力が高いからです。

「雇用状況」とは、いま住宅ローンを借りようとしている人がどのような形態で働いているかということです。

一番住宅ローンを借りやすいのは、それなりの規模の会社の正社員です。長く勤めていれば勤めているほど、住宅ローンは借りやすくなっています。ただし、たとえ正社員であったとしても、転職を繰り返していたり、職を変えてから3年以内の人などは、住宅ローンが借りにくいという傾向があります。

他方、アルバイトなどの非正規雇用の人は住宅ローンを借りるのが厳しいようです。自営業者の場合、経営している会社が直近3年間黒字を出していることが条件になるようです。税金対策などであえて赤字にしている事業主もいるかもしれませんが、住宅ローンを借りるという観点からは不利になります。また、自営業者の場合、頭金も住宅価格のうち2割程度が必要になります。

住宅金融支援機構「フラット35」とは？

住宅ローンの検討をする際、よく耳にする言葉が「フラット35」という住宅ローンです。フラット35とは「住宅金融支援機構」という、半分公的な機関が提供している住宅ローンのことを言います。35年間住宅ローン金利の利率が変わらず、安定的な運用を行うことができる制度で、「マンションが融資の基準となる」という特徴があります。

民間の住宅ローンの場合に大事なのは、住宅ローンを借りるマンション（物件）ではなく、借りる「人」だということは前項で説明しました。どれだけ年収があり、どんな企業に勤めているかが大事になるので、転職を繰り返していたり、正社員ではない場合には住宅ローンが借りにくくなっています。

一方、フラット35を提供する住宅金融支援機構は、独自の基準を持ち、住宅ローンを借りて購入しようとしている不動産物件（マンション）が、その基準に合っているかどうかで判断するのです。そのため専門の機関にマンションのチェックを依頼し、基準に合っているマンションには「適合証明書」が発行されます。この適合証明書を受け取れば、フラット35を使えるようになるのです。

フラット35は固定金利なので、将来金利が上がっても「想定以上に金利が上がってしまって住宅ローンが返せない！」という状況になりにくい特徴があります。

この固定金利の反対が「変動金利」で、半年に1回金利の見直しが行われます。

現在の日本は歴史的にみてもあり得ないほどの低金利のため、変動金利の方が固定金利より安くなっていますが、今後、基本的に日本の金利は上がっていくでしょう。

なお、変動金利と固定金利のどちらが良いかは一概には言えませんが、住宅ローンを短期間で返済する具体的な計画があり、普段から株式取引などをしていて市場の観察に余念がない人は変動金利の方が良いのかもしれません。

一方、手堅く、しっかりと住宅ローンを返していきたい人には、フラット35のような固定金利がお勧めです。

営業マンお勧めの住宅ローンには気をつけよう

住宅ローンを選ぶとき、不動産会社の営業マンが「この住宅ローンがお勧めです」と声をかけてきますが、このタイミングでの勧誘には注意が必要です。

住宅ローンを検討するタイミングというのは、たいてい「このマンションを買おう！」と決めた直後です。

「マンションの購入は決めたけれど、毎月の支払いは一体どれぐらいの金額になるのだろう……」と消費者が不安になった頃合いを見て、営業マンが電卓をはじき、「毎月の支払いはこれぐらいですね」と説明してくるのです。

そうすると、買い主は「思ったよりも安いな」と感じて購入に踏み切る、という流れなのですが、この際に営業マンがお勧めするのは「変動金利で最も安い住宅ローン」であるケースが多いのです。

ここで注意が必要なのは、変動金利は固定金利にくらべ金利は安いですが、半年ごとに金利が見直されますので、将来的に金利が上がれば月々の支払いが増える可能性があるということです。

また最近では、ネット系銀行の住宅ローンでも低金利の住宅ローンが出てきました。これらの住宅ローンは、メガバンクなどに比べて金利の安いものが多いのですが、営業マンがお勧めすることはまずないでしょう。

というのも、これらのネット系銀行では一般的に住宅ローンの審査にメガバンクよりも長い期間（1ヶ月〜）がかかってしまうので、早めに決済をして手数料を手にしたい不動産会社の営業マンからは敬遠されがちなのです。

住宅ローンは最長35年間と長期の返済になりますから、自分のライフプランにおけるお金の使い方をよく考えながら検討する必要があります。

済ませておけば安心！　住宅ローンの事前審査とは

中古マンションなどの住宅を購入する際、購入申込書を提出した後にやっておいた方が良いのが「住宅ローンの事前審査」です。

これは、銀行に「この中古マンションを購入するとしたら、この金額まで住宅ローンを借りることができますか？」と、本契約の前に確認する審査です。

住宅ローンの審査には3種類あり、それぞれの審査にかかる時間は以下の通りです。

①年収から割り出す借入上限額（返済比率）の事前相談……1～2日
②購入物件が決まり、担保評価と個人信用情報の照会を含めた事前審査
……5～10営業日
③売買契約を終えた後の本審査……5～10営業日

このうち必ず受けなければならないのは「③売買契約を終えた後の本審査」です。

ではなぜ①と②を実施する必要があるのでしょうか。


「①年収から割り出す借入上限額（返済比率）の事前相談」は、そもそも「自分はどのくらい住宅ローンを借りることができるのか？」ということを銀行に相談するものになりますので、マンション購入金額の目安になります。

この事前相談は、122ページでも紹介した次のウェブサイトでシミュレーションができます。おおまかな目安が知りたいという人は、自分が借りられる上限を確認してみてください。

・住宅保証機構　住宅ローンシミュレーション
・フラット35　住宅ローンシミュレーション

「②購入物件が決まり、担保評価と個人信用情報の照会を含めた事前審査」は、売り主と交渉する上での大きな武器になります。

事前審査を行わないと、本当に買い主が住宅ローンを借りることができるのか売り主にはわかりません。もし、仮に買い主が住宅ローンを借りられなかった場合、多くの契約書には「住宅ローン特約」という「もし買い主が住宅ローンを借りられなかったら契約を白紙に戻す」という内容が含まれているので、売り主は時間がムダになってしまいます。

値引き交渉をしたとしても「そんな値引きしてくるけど、本当にマンションを買うことができるの？」と売り主は思ってしまうのです。

そこで購入申込書を提出し、売買契約を結ぶ前の段階で住宅ローンの事前審査を実施しておくのです。そうすれば「私は事前審査が完了しているので、この値段まで値下げしてくれれば間違いなくマンションを購入します」と、言葉に説得力を持たせることができるのです。

また、もし仮にローンを申請したマンションが購入できなかったとしても、同じような価格のマンションであれば住宅ローンの申請が通る可能性は高いと言えます。

そうすれば、次回購入の検討をしたマンションに対して、はじめから説得力を持って売り主と交渉をすることができるのです。

住宅ローンを借りるなら要注意！クレジットカードを整理しておこう

住宅ローンを借りる際には、金融機関からすれば「この人にお金を貸しても大丈夫か？」という視点で審査を行うわけです。

その際に注意したいのが、クレジットカードや無担保ローンなどの信用情報です。

本来であれば、住宅ローンを借りるのに何の問題もないほどの年収を稼いでいても、税金の滞納があったり、少額でも借金を抱えていたりすると、融資を断られてしまうことがあります。

また年収が上がれば上がるほど、クレジットカードを利用する人の割合は高くなっていきます。「毎月クレジットカードで何十万円も買い物をしている」という人も少なくないでしょうが、住宅ローンを借りる際には注意が必要です。

クレジットカードでどれだけの金額まで買い物ができるかは「与信枠」によって決まっています。この「与信枠」が大きくなっている人は、その分だけ住宅ローンの審査上マイナスになることがあるのです。

複数のクレジットカードを持っている人も、合計の与信枠が大きくなっているので注意が必要です。この際、ふだん使っていないクレジットカードは、解約しておくのもひとつの考え方です。

自分の信用情報は調べることができます。心配な人は「自分の信用情報がどのように登録されているか」を事前に確認すると良いでしょう。

・株式会社シー・アイ・シー　http://www.cic.co.jp/
・全国銀行個人信用情報センター　https://www.zenginkyo.or.jp/pcic/
・株式会社日本信用情報機構　http://www.jicc.co.jp/

上記の3社は「ＣＲＩＮ」というネットワークによりそれぞれ情報を交換しています。

住宅の購入を考えたら、こうしたことにも気を配っておくと良いでしょう。

結構高い！　住宅ローン保証料を削減する方法

マンションなどの住宅を買う際に住宅ローンを借りると、基本的には「住宅ローン保証料」を支払うことになります。

住宅ローン保証料とは、万が一、あなたが住宅ローンを支払えなくなった場合、保証会社が銀行に残額を支払うための「保証料金」です。

「住宅ローンが支払えなくなっても保証会社が代わりに払ってくれるなら安心！」と思いきや、実はそんなことはありません。保証会社はあくまでに「一時的にあなたの代わりに」銀行に住宅ローンを支払うだけで、今度はあなたが保証会社に対して住宅ローンを支払わなくてはいけないのです。

この保証料には結構な金額がかかります。概算ですが、１０００万円の住宅ローンに対して20万円程度が相場になります。仮に３０００万円の住宅ローンを借りたとしたら、60万円の保証料を支払わなくてはいけませんから、諸経費が膨らむことになります。この保証料を減らすことができれば、その分を頭金に回し、住宅ローンの返済を早められます。

では一体どのような方法があるのでしょうか。

1．保証料がない住宅ローンを使う

世の中には保証料の必要がない住宅ローンがあります。

有名なものとしては、フラット35、ソニー銀行、楽天銀行、新生銀行などの住宅ローンには保証料がありません。

2．保証料を分割で払う

保証料の支払い方法には、住宅ローンを借りる際に一括で支払う方法と、毎月の返済時に分割して支払う方法があります。

後者は毎月の返済金額に対して、金利を0・2％程度上乗せして支払っていきます。よく相談を受けるのが「保証料を分割で支払うようにお願いすると、住宅ローンの審査に落ちやすくなるんじゃないでしょうか」というものですが、審査には関係ありません。

保証料がない住宅ローンを選べず「頭金が足りない」という人は、分割での支払いにした方が良いでしょう。

そんなことってあるの？
住宅ローンを借りられない住宅とは

住宅ローンを借りる際に、「この物件では住宅ローンはお貸しできません」と言われることがあります。

見た目も立派で、耐震構造もしっかりしていそうなのになぜ？　ということも多いのですが、実はその物件が「違反建築物」になってしまっているからなのです。

以下のパターンを確認してください。

パターン①　建物が大きすぎる

土地の大きさに対して、どのくらいの大きさの建物を建てて良いかは場所によって決まっています。この「場所」というのは結構細かく決められており、道一本違うだけで「ここまでは3階建てを建ててもいいけど、そっちからは2階までしか建てちゃだめだよ」という具合に決まっています。

◉図12：容積率と建ぺい率

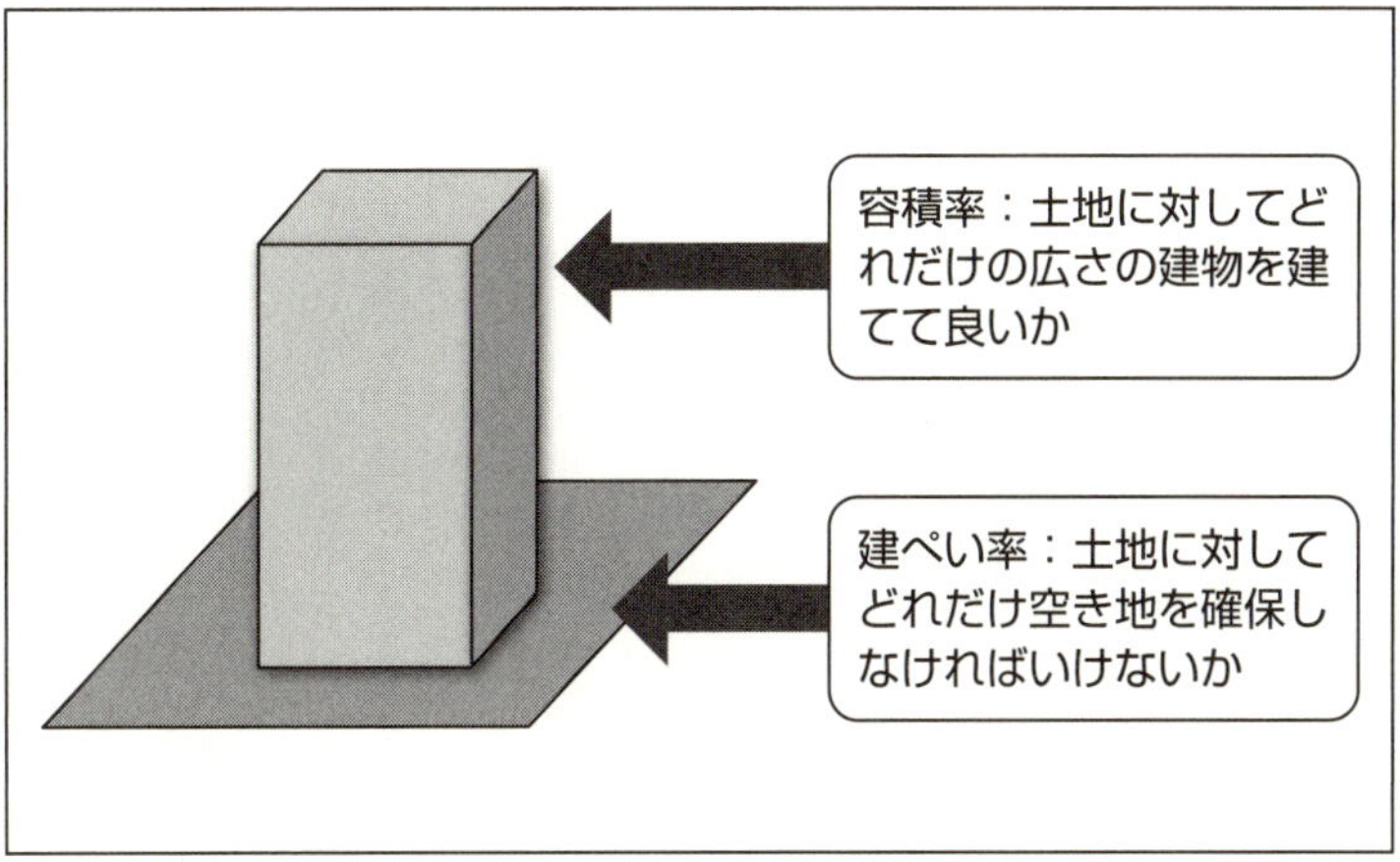

この大きさというのは、①土地に対してどれだけ空き地を確保しなければいけないか（建ぺい率といいます）、②土地に対して2階・3階なども含めて、どれだけの広さ（床面積）の建物を建てて良いか（容積率といいます）という2種類の視点から確認されます。

最初は大きさを守っていたけれども、増築を重ねるうちに大きくなりすぎてしまった場合なども違反建築物になります。

パターン②　土地が道路に規定通り接してない

日本の不動産は防災的な視点から「2メートル以上」道路に接していなければならないというルールがあります。入り口は狭いけれども、奥に広がっていく土地などでは、入口部分が道路と2メートルは接している必要があります。

仮に1メートル95センチ接していて「あと5センチ足りない！」という場合でも、違反建築物になってしまうのです。

パターン③　土地や建物が小さすぎる

小さすぎる土地や建物も住宅ローンを借りることができません。

マンションの場合30平方メートル未満、戸建ての土地で40平方メートル未満だと、「不適格」とみなされてしまいます。その理由は、恐らく小さすぎるので担保価値がない、もしくは他人に貸す目的なのではないかと銀行が疑うことが背景にあると思われます。

たまにものすごいお値打ち物件が出てきて、測量をしてみると、残念ながら小さすぎたというのは良くあるケースです。

第 4 章

理想のマンションを確実に手に入れる方法

申し込んだら終わり？
マンションの購入申込書の書き方

マンションなどの住宅を探していて、「これだ！」と思うマンションが見つかったら「購入申込書」（図13）というものを書きます。この購入申込書は別名「買付《かいつけ》」とも言います。

不動産購入のステップは、大きく次の3つに分かれています。

①購入申込書提出→②契約書締結→③決済

購入申込書に記載する内容は以下の通りです。

- **物件の詳細**
- **購入価格（購入希望価格）**
- **手付金の金額**
- **契約予定日**
- **購入条件**
- **購入申込者の情報**

◉図13：不動産購入申込書の例

不動産購入申込書

平成　　年　　月　　日

株式会社Housmart　御中

住所

氏名　　　　　　　　　　印

私は、下記不動産を下記の条件にて購入いたしたく、申し込みを致します。

記

1．物件の表示

土地所在地		建物所在	
地　番		家屋番号	
地　目		述床面積	
地　積		マンション名	号室

2．購入価格

購入価格　金　　　　円也

手付金　金　　　　円也　契約締結時支払い

中間金　金　　　　円也　平成　年　月　日までに

残金　金　　　　円也　平成　年　月　日までに

3．購入条件

融資の利用予定　有・無　金　　　　円也

契約締結予定日　平成　年　月　日　時　場所：

4．その他条件

5．申込有効期間　申込の有効期間は　　　年　　月　　日まで

以上

よくある質問に「購入申込書を提出したら、絶対に売買契約しなければならないのでしょうか?」というものがありますが、法律的に「購入申込書を提出すれば、必ず売買契約をしなければならない」という縛りはありません。

「購入申込書」はあくまでも買い主の「買いたい」という意思表示にすぎないのです。とはいえ、基本的に購入申込書で提示した条件で売り主がＯＫしたら、買い主の側は売買契約に進むのが普通です。

購入する気もないのに、購入申込書を提出するのはＮＧなのです。

また住宅の購入価格や条件などを交渉できるのは、唯一この購入申込書を提出したタイミングです。購入申込書を提出していないのに「３００万円値引きしてください」とか「部屋をクリーニングしてください」といった住宅の値段や条件について交渉しても、売り主は取り合ってくれないのです。

勘違いしやすい点として「購入申込書を価格の満額（値引き無し）で提出したら絶対にマンションを購入できる」という誤解がありますが、決してそんなことはありません。

人気の物件であれば、同時に購入申込書が入ることはザラにあり、値段以外の部分で他の買い主の条件の方が良かった場合などには、そちらに住宅を売られてしまう可能性は十分あるのです。

どの買い主と話を進めるかは売り主次第です。

後から入ってきた購入申込書であっても、より良い条件であれば、売り主はそちらの購入申込者に住宅を売ることができるのです。

「ちょっと検討の時間をください」というような悩ましいマンションが出てきた際に、悩んでいるうちに他の人から購入申込書が入って、売り主がそちらに決めてしまったというようなケースも多いものです。

住宅の購入はタイミングが命です。

本当に探していた希望通りの物件が出てきたときに、すぐに購入を決定できるようにするために、日頃から住宅に求める条件を整理しておいた方がよいでしょう。

マンションの購入トラブル！「電子レンジを捨てた」ら契約解除はできない？

中古マンションなど不動産の売買は「なんとなくわかりにくい」というイメージがあります。その理由として「契約のわかりにくさ」があると思います。

マンションなどの不動産の売買契約を行うと、実際にマンションが引き渡されるまでには1ヶ月程度かかります。マンションの売買金額は引き渡しの際に支払いますが、一部のお金（約10％程度）は契約の段階で支払うことになります。

この一部のお金のことを「手付金」といいます。なんらかの理由で売買契約後にマンションの購入をやめたいと思ったとき、手付金を放棄することで売買契約をなかったことにできるのです。

具体的なケースを見てみましょう。

Aさんは結婚を機にマンションを購入することにしました。いま住んでいる家の近くに良い中古マンションが出たので、見学に行ったところ一目惚れ。すぐに購入することを決定しました。

購入申し込みを行い、売買契約を済ませたところ、なんと会社から「転勤」の辞令が下ります。いま住んでいるエリアとは全く違う地方へ転勤しなさいという辞令だったのです。仕方がないので、売り主に対して「手付金を放棄するので、契約を解除したい」と申し出たところ、「こちらはすでに引き渡しに向けて引っ越しの準備を進めている。電子レンジも捨ててしまった。これは『履行の着手』に当たるので、もし契約を解除するのであれば別途違約金を払ってほしい」と言われてしまったのです。

ここで売り主が言う「履行の着手」とは「売買契約で約束したことを行うこと」です。例えば、売買代金を支払った、所有権移転の手続きを行った、家財道具を引越業者に引き渡すなどで自宅をカラッポにしたなどの行為が挙げられます。

売り主の言うように、この場合に「電子レンジを捨てる」のは確かに引き渡しの準備には当たるでしょうが、「電子レンジを捨てる」という程度では「履行の着手」とは認められません。この例では、買い主は手付金を放棄し、「契約の解除」を行うことができます。

マンションにクーリング・オフは使えるの？

消費者保護のための法律として有名な「クーリング・オフ」とは、本当は欲しくないものを購入してしまったとき、商品を返品すればお金が戻ってくるという仕組みです。あまり知られていませんが、実はこの制度、マンションなど住宅の購入でも使うことが可能です。ただし、住宅の購入においてクーリング・オフが使えるのは、住宅の売り主が「不動産業者」の場合だけです。

クーリング・オフを巡ってありがちなのが、マンションの見学をしたまま気持ちが盛り上がって、その場で「購入します！」と契約書を締結してしまうというケースです。住宅の売買契約には手付金と呼ばれる売買金額の10％ほどの現金が必要であることはすでに説明しましたが、その手付金をその日のうちにコンビニエンス・ストアのＡＴＭから振込んでしまったのです。

内覧したときは気持ちが盛り上がっていましたが、いざ冷静に考えてみると「他のマンションをまだ全然見ていないし、もっといろいろと検討してから決めたい」と考えが変わり、クーリング・オフを実行しようとしました。売買契約の際に、クーリング・オフについての説明はありませんでしたが、自分たちで調べてみたら、クーリング・オフが使えるらしいということで、不動産会社にその申し出を行ったのです。

すると、マンションの販売業者から「契約日から8日以上の時間が経っているので、クーリング・オフは使えません」と言われてしまいました。

実はこの場合でも、クーリング・オフを使うことは可能です。

クーリング・オフを利用する条件は以下の通りです。

①住宅の売り主が不動産会社（宅建業者）であること
②売買契約が不動産会社（宅建業者）以外の場所で行われたこと（モデルルーム、自宅など）
③不動産会社からクーリング・オフの告知を受けた日から8日以内であること
④クーリング・オフの告知を受けていない場合は8日以降でも大丈夫

今回のケースは「クーリング・オフの告知を受けていない」ケースでしたので、8日間を超えてもクーリング・オフが適用されます。

クーリング・オフは書面で郵送することでその効果を発揮します。

ちなみに住宅の売り主が個人の場合、クーリング・オフは適用されません。

とくに中古マンション売買の場合、売主が個人であるケースが多いので注意が必要です。

売買契約前のチェックポイント　登記簿を確認しよう！

中古マンションなどの中古住宅を購入する際、あらかじめ確認しておきたいのが「登記簿」です。

登記簿とは、不動産の所有者をハッキリさせるために、国が「この不動産は○○さんのものです！」と記録に残している一覧です。登記簿を見れば、不動産の所有者が誰なのか、その不動産がどういう不動産なのかを確認することができます。

登記簿は誰でも閲覧することができます。法務局の登記所に行って、定められた手数料を払えば、該当する不動産の登記簿写しをもらえます。

法務局で注意したいのは、不動産を特定するのは「地番」というものだということです。地番とは「一筆の土地」（土地登記簿上で一つの土地とされたもの）ごとに登記所が付ける番号のことをいい、一般的な住所表示とは異なる場合があります。

また不動産会社は、基本的に取引しようとする住宅の登記簿をあらかじめ調べていますので、不動産会社に「登記簿のコピーをください」と依頼しても良いでしょう。

登記簿の中で確認しておきたいポイントは次の2点です。

1．抵当権の金額がマンションの売買金額よりも大きくないか

あなたが購入しようとしている中古マンションは、現在の売り主が同じように購入したものです。その際、住宅ローンを借りていた場合には、マンションに「抵当権」が設定されています。

抵当権とは、住宅ローンを貸す銀行が、「もし住宅ローンを返せなくなったらこのマンションを差し押さえます！」という権利のことです。

もしこの抵当権の金額がマンションの売買金額よりも大きい場合、売り主はマンションを売却したお金を手に入れても抵当権を外せない（抹消できない）可能性があります。

そうしたことを防ぐ意味でも、登記簿を確認することで、いくらの抵当権がマンションに設定されているかチェックしておくべきです。

抵当権が外れていないマンションは、購入しても銀行に差し押さえられてしまう可能性

があります。抵当権が設定されたのが昔の場合は、どれくらい住宅ローンの残高があるのか、不動産会社に確認してもらうようにすると良いでしょう。

2. マンションの所有者が複数人に分かれていないか

マンションの所有者が何人いるかも、登記簿で確認することができます。

もし売り主が複数人いる場合は注意が必要です。マンションでも相続によって複数人で所有している場合があるのです。

このような場合、マンションの権利者の一部がマンションの売却金額や条件に納得していないといったケースがあり得ます。そして売買契約後、「そんな話は聞いていない！」といって、権利者の一部とトラブルになるかもしれません。

売り主が複数人に分かれている物件を購入する場合、売買契約の場に全員同席してもらうようにしましょう。もし同席がどうしても無理なら、権利者全員の実印が押された委任状をもらうようにしてください。

管理組合の運営状況で確認しておくポイント

中古マンションの購入を検討する際に重要になるのが「管理組合」の運営状況です。管理組合はマンションの住人から構成される「コミュニティ」であり、マンションで快適な生活する上で欠かせない存在です。

マンションを購入する前に、管理組合について2つの視点から確認することをお勧めします。

1. 管理規約の内容

マンションで生活する上でのルールをまとめたものが「管理規約」になります。この「管理規約」があなたのライフ・スタイルにマッチしたものかどうか、あらかじめチェックしましょう。

特にリフォーム周りの規約は注意が必要です。マンションによってはフローリング素材の種類や、可能なリフォームの内容まで細かく規定されていることがあります。実施可能なリフォーム内容についての詳細な規定がなくても、リフォーム工事を開始する期日の何日前までに管理組合の承認を得なければならないといったルールがある場合もあります。

またすでに説明した通り、ペットについても細かく規則が決まっている場合もあります。犬猫はダメだが、小鳥や熱帯魚などは飼育可能といったようなことです。

他に注意する点としては、用途制限や楽器の使用についての規則です。

部屋の一部を使ってお店を開いたり、家の中で楽器の練習をしたいという人は、事前に規則を確認しておくべきでしょう。そもそも管理規約を明文化していないマンションも存在しますので、その場合はマンションのルールを売主に確認する必要があります。

2. 修繕計画

マンションは10年から12年に1度のペースで「大規模修繕」を行います。大規模修繕を実施しないと老朽化が進み、マンションの資産価値が落ちてしまうからです。

マンションのリフォームは、専有部分（部屋の中）については自分で行うことができますが、廊下や玄関などの共有部分については大規模修繕で行うしかありません。

この修繕計画が現実的で具体的なものかどうかが、今後もマンションとして資産価値を保ち続けることができるかどうかの判断材料となります。

マンションによっては、明らかに修繕積立金の積立金額が足りず、修繕計画が現実的でないというところもあります。また修繕積立金の滞納をしている住戸の数が多く、計画通りに修繕積立金が集まっていないケースもありますから、要注意です。

引き渡しの時期は適正か？

中古住宅を購入する際、引き渡しのポイントにも要注意です。

新築マンションなどの場合、居住を開始できるのは、当然ながら建物が完成したタイミングです。人気の新築マンションですと、マンションの完成前に完売する場合が多いので、購入者はマンションの完成まで待ち続けることになります。

一方、中古マンションなどの中古住宅の居住開始時期は、売り主との相談によって決まります。

居住を開始する時期のことを「引き渡しの時期」といいます。実際に、「マンションを引き渡す日にち」ということになります。

引き渡しの時期は売り主の事情によってタイミングが異なります。

特に注意しなければいけないのが、売り主が「マンションを売って、新しく新築住宅を買います！」というパターンです。

この場合、売り主が新たに購入する新築住宅の完成まで、引き渡しの時期がずれてしまう可能生があるのです。

引き渡しの時期がずれた場合、一番怖いのが住宅ローン金利の変動です。住宅ローンの金利が上昇した場合、購入申し込み時の返済計画よりも毎月の返済金額が上がってしまう可能性があるのです。

引き渡しの時期については、契約の際に擦り合わせになることになります。あまりにも引き渡し時期が先になる場合は、売り主に賃貸住宅に仮住まいしてもらうことなども交渉に入れても良いでしょう。

第 5 章

保険と税金のポイントを押さえる！

どこまで必要？　マンション購入の保険とは

マンションなどの住宅を購入する際、何かとついてまわるのが保険です。

「何がどんな役割を果たすのか良くわからない……」という相談を受けることの多い分野です。

住宅購入に関係する保険は以下の４つです。

1. 団体信用生命保険

住宅ローンの支払いは最大で35年と非常に長期に渡ります。

よく「団信《だんしん》」と言われる団体信用生命保険は、その長期の支払い期間中に、万が一、住宅ローンを支払う人が死亡、もしくはケガなどで高度の障害を負ってしまった場合に、生命保険会社が住宅ローンの残りを支払うというものです。

民間の金融機関では、基本的にこの「団信」に加入していることが住宅ローンを借りるための条件になっています。

団信は住宅ローンの支払い金利という形で支払いますので、あまり保険料を支払っている感覚がありません。

2. 火災保険

万が一、住宅が火災で燃えてしまったとき、保証してくれるのが火災保険です。以前は住宅ローンを借りるには火災保険への加入が必須でしたが、最近では加入を必須としない金融機関も出てきました。

火災保険については、次項で詳しく説明します。

3. 水災保険

台風や大雨、洪水、土砂崩れなどにより床下浸水などの被害に遭った際に、保険金を受け取れるのが水災保険です。以前は火災保険とセットになっていましたので「知らないうちに入っていた」という人も多かったのではないでしょうか。

最近では、火災保険から水災保険を外せるケースも増えてきました。近くに海や川がなく、水害の危険性がない場合は外しても良いかもしれません。

4. 地震保険

地震による被害を保証してくれるのが地震保険ですが、地震大国日本ということもあって、保険料が高額な割に保証の範囲が限定されているのが特徴です。最大で建物価格の半額までしか保証はされません。また、水災保険と同じように、地震保険も加入は任意です。

注意したい点としては、地震が原因の火災は「地震保険」でのみ保証されます。この場合、意外なことに火災保険では保証されないのです。

大きな地震災害では火事による二次被害はつきものですから、保険料の負担はあるにしろ、地震保険にはぜひ加入しておくことをお勧めします。

大事な家はしっかりと守りたい！火災保険に入る内容とタイミングとは

前項で説明した通り、住宅購入に関わる保険はいくつかありますが、その中で最も重要なのが「火災保険」です。

賃貸契約の場合は、火災保険に入っておけば、自分が原因で自宅が火災に遭った場合はもとより、隣の家から出た火が燃え広がってきて自宅まで火事になってしまった場合も保証されます。

しかし、住宅購入の際にローンを組むために加入する火災保険は、「自宅に対する火災保険」のみになっています。これは万が一、火事で家が燃えてしまっても、住宅ローンを貸す銀行としては「建物を保全したい」という目的の保険だからです。

そのため、火事の結果、隣家が延焼するなど他の人に迷惑をかけてしまった際の「個人賠償責任保険」や、家財を保全する「家財の火災保険」が入っていない場合があるので、注意が必要です。

以前、私の知り合いで、風呂に湯をためていたところ、そのまま眠ってしまい、お湯を溢れさせてしまった人がいました。現在では自動でお湯の制御をするタイプの浴室が一般的だと思いますが、このケースはそうではなく、風呂の水が溢れ出し、下の階に水漏れが発生したのです。

こういった「個人賠償責任」を問われるような事故も、「個人賠償責任保険」に入っていれば安心です。この例では、個人賠償責任保険に入っていたため、水漏れの修繕工事の費用なども支払わなくて済んだとのことです。

このように大切な火災保険ですが、「どのタイミングで入ればいいの?」という質問をよく受けます。

火災保険に入るタイミングは「不動産の売買契約後~決済の間の期間」になります。

中古マンションの場合、売買契約が終わったら金融機関に住宅ローンを申し込むことになりますが、金融機関によっては住宅ローンを借りる条件として「火災保険が絶対に必要なところ・必要ではないところ」に分かれます。まずは金融機関にその点を確認してみましょう。

その他35年ローンを借りる際に、「35年間まるまる加入してください」というような縛りがあるかもしれません。

最終的なデッドラインとして、マンションが引き渡しになる直前までに加入すれば良いのですが、後でバタバタするよりも前倒しで申し込みをしておいた方が得策です。

火災保険に加入するために必要なものは、次の3つです。

①申込書類
②保険料
③建物登記簿謄本もしくは売買契約書

③「建物登記簿謄本もしくは売買契約書」は「マンションの構造・延床面積」を確認するために必要になります。「どんなマンションで、どれくらい保証しないといけないのか？」によって火災保険料が変わるからです。

多くの場合は、住宅ローンの決済日に申込書が必要となることもあります。最近では「自由設計型火災保険」も人気があります。これは、自分でどこまで保証をつけるか、どれくらいの保証金額の保険にするか、といった項目についてオプションから選ぶことで自分で決められる火災保険です。

一般的に提供されている火災保険は保証の範囲が広く、保険料がかなりの金額になりますが、このタイプは「自分には不要」という部分を省くことができるのです。

インターネットで「自由設計型火災保険」と検索すれば、提供している金融機関を見つけられます。

なお「地震保険」に加入する場合は、火災保険と同時に加入する形になります。

マンションを購入したら生命保険を見直そう！

生命保険は加入した後に、ついつい放ったらかしになりがちです。実は住宅を購入するタイミングは、生命保険を見直す絶好の機会なのです。

というのは、住宅を購入すると、生命保険の減額が可能だからです。生命保険は、言うまでもなく「万が一、加入者が死亡した場合、残された家族にお金を残す保険」のことです。そして、この残すお金というのは「残された家族がその後生活していくために必要な金額」に相当します。残された家族がその後生活していくために必要な金額には、居住費が含まれています。

賃貸で住居を借りている場合には、10～15万円ほどの家賃を毎月支払っているでしょう。そこで住宅を購入すると、一般的な生命保険とは別に「団体信用生命保険」に加入するケースがほとんどです。団体信用生命保険は、支払い期間中に、万が一、住宅ローンを支払う人が死亡、もしくは高度の障害を負ってしまった場合に、生命保険会社が住宅ローンの残りを支払うというものでした。

この保険の保険料は、住宅ローンの金利という形で支払いますので、あまり保険料を支払っている感覚がありませんが、生命保険に加入して、保険料を支払っているということには変わりありません。

つまり、住宅を購入した家庭は、万が一、住宅ローンを支払う人が死亡してしまった場合は、その後居住費の心配をする必要はないのです。もちろん、土地や建物にかかってくる固定資産税や、水道光熱費などのランニングコストはかかってきますが、居住費用の中で最も大きなコストを占める「家賃」を払う必要がなくなるのです。

仮に毎月10万円の家賃を支払っていた場合、今後30年間を想定すると、10万円×12ヶ月×30年間＝3600万円の必要保証額を減額することができるのです。

また生命保険以外にも、住宅ローンに絡み、医療保険などの費用を抑えられるケースもあります。

自分のライフプランに合わせ、一番良い方法を探してみてください。

住宅ローン減税をお得に利用するコツ

住宅を購入することで受けられる優遇制度があります。その中でも最も注目したいのは「住宅ローン減税」です。住宅ローン減税は、住宅ローンで家を買った人が申請すると、所得税・住民税が控除されるお得な制度です。

「新築の住宅でないとローン減税は受けられないのではないですか？」という質問をよく受けるのですが、中古住宅でも住宅ローン減税は受けられます。住宅ローン減税は「年末時点」での住宅ローンの残高のうち１％が所得税から控除されます。

実は住宅ローン減税は、購入した住宅の売り主が「個人」か「不動産会社」かによって金額やパーセントが異なってきます。

売り主が個人の場合、住宅ローンが２０００万円まで控除金額として認められます。もし仮に、年末時点での住宅ローン残高が３０００万円だったとしても、認められる金額は

◉図14：住宅ローン減税

売り主様	個人	不動産会社
最大控除額（1年）	20万円	40万円
最大控除額（10年合計）	200万円	400万円
控除率	1%	
控除期間	10年間	
住民税からの控除上限額	9万7500円/年 前年課税所得額×5%	13万6500円/年 前年課税所得額×7%

2000万円までなので、2000万円×1%＝20万円が所得税から引かれるのです。年末時点での住宅ローン残高が1500万円だったならば、1500万円×1%＝15万円が所得税から差し引かれます。

売り主が不動産会社の場合、住宅ローンが4000万円まで金額として認められます。個人の場合の2倍の金額ですが、これは売り主が不動産会社の場合、住宅の購入に消費税がかかってしまうのが考慮されています。もし仮に、年末時点での住宅ローン残高が4000万円だったならば、4000万円×1%＝40万円が所得税から差し引かれます。

この住宅ローン減税は、2013年から2017年居住分に関して10年間続きます。つまり売り主が個人の場合、最大で20万円×10

年間＝200万円分の税金がお得になる可能性があるのです。

もちろん、あくまでも「税金を減らしてあげるよ！」という制度なので、元々の所得税が20万円以下だったとしても「20万円に足りない部分を現金でください！」という話にはなりません。もし所得税が住宅ローンの減税分よりも少なかった場合、次の年の住民税から税金が引かれることになります。

その場合の計算式は、売り主が個人の場合、「前年の課税所得×5％（最大で9万7500円／年）」となります。また、売り主が不動産会社の場合は、「前年の課税所得×7％（最大で13万6500円／年）」となります。

非常に魅力的な住宅ローン減税ですが、実は住宅ローン控除を受けるためにはいくつかの条件を満たす必要があります。

簡単に、その条件について説明します

①　築年数が「築25年以内の鉄筋コンクリートなどの耐火建築物」もしくは「築20年以内の木造の戸建などの非耐火建築物」であること

②　①の条件に該当しない場合は「新耐震基準に適合している建物であることを証明する書類」を出すこと

③　２０１７年12月までに住宅を購入して入居すること
④　物件を手に入れた日から６ヶ月以内に自分で入居し、その年の12月31日まで住んでいること
⑤　年収が３０００万円以下であること
⑥　床面積が50平方メートル以上で、その２分の１以上が自分で住むためのスペースであること
⑦　住宅ローンの返済期間が10年以上であること
⑧　住宅ローンが銀行、信用金庫、農業組合などの金融機関、住宅支援機構、地方公共団体などから借りたものであること
⑨　住宅を親族から買っていないこと
⑩　贈与で住宅を取得していないこと

住宅ローン控除を受けるためには、購入した翌年に確定申告をする必要があります。

また「⑦住宅ローンの返済期間が10年以上であること」ですが、住宅ローン控除は入居開始年が基準年となるため、住宅ローンを借り換えたとしても、住宅ローン控除の期間が延長されたり、新しい税制が適用になることはありません。

住宅ローン減税を受けられない!?
マンションの床面積に要注意

マンションをはじめとする不動産の広告は紛らわしいものが多いですが、特に注意して見ておきたいのが「床面積」です。

「床面積」とは言うまでもなく「そのマンションの広さ」を表したものですが、その表記方法には2種類の方法があるのです。

戸建と異なりマンションは、いくつも部屋が横に続いて建物ができています。

隣の部屋との間には「壁」がありますが、実はパンフレットに記載されているのは「お隣さんとの間にある壁の中心から測った面積」なのです。

この「お隣さんとの間にある壁の中心から測った面積」のことを「壁芯《へきしん》面積」と言います。壁芯面積には壁の部分の面積も含まれてしまっていますから、実際に生活空間として使える広さはもっと狭くなります。

◉図15：述べ床面積

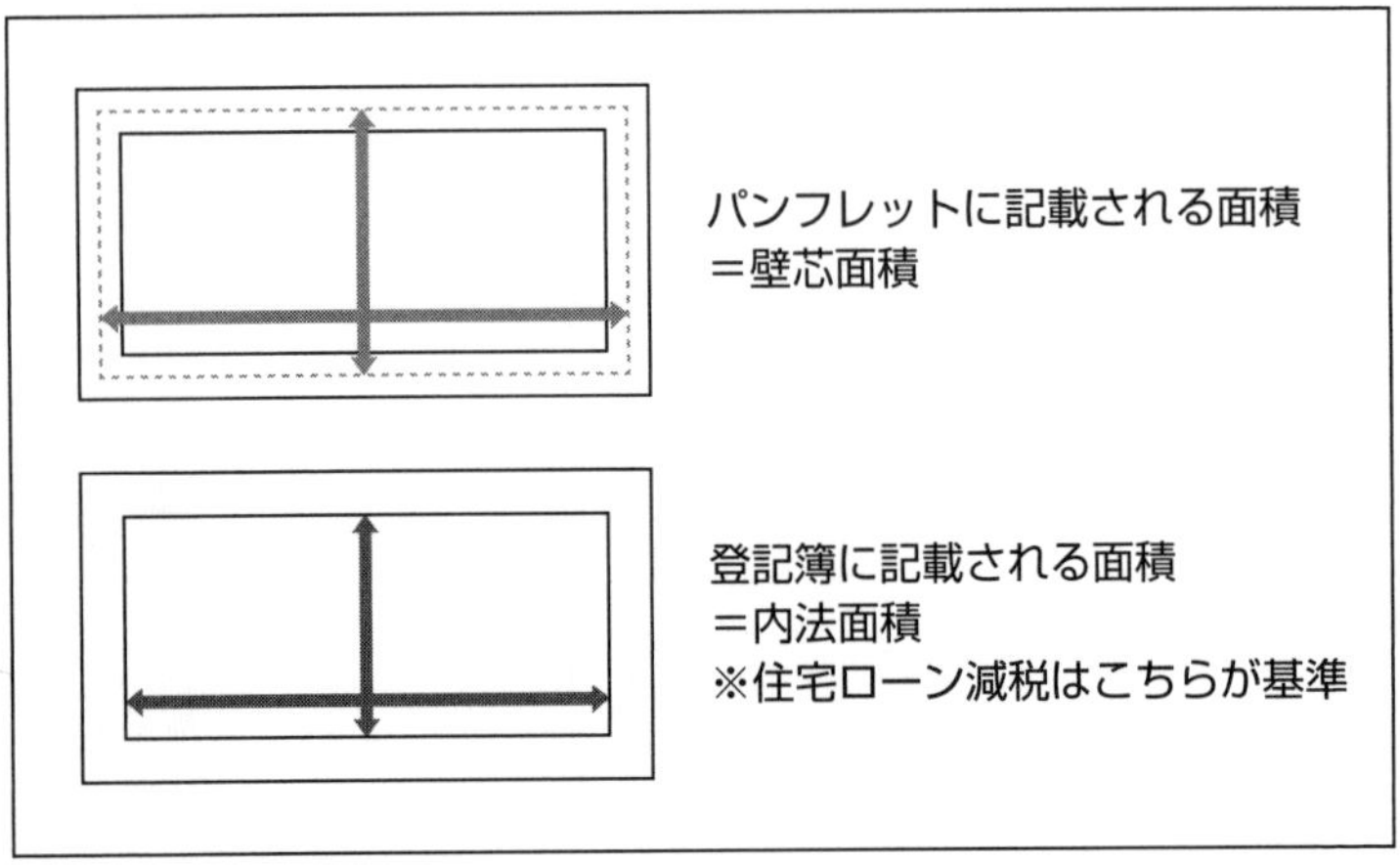

他方、実際に使える部分の広さのことを「内法《うちのり》面積」と言います。

壁芯面積だけを見ていると「実際の広さよりも広い」と思ってしまう可能性がありますが、問題はそれだけではありません。

実は住宅を購入する上で強い味方になる「住宅ローン減税」を利用できなくなってしまう可能性があるのです。

「住宅ローン減税」は前項で説明した通り、住宅ローンを利用して住宅を購入した人の税金を減らしてくれる制度です。その利用に際しては「延べ床面積が50平方《メートル》以上であること」という条件があります。そしてこの「住宅ローン減税」を受けるための延べ床面積とは、パンフレットに記載されている壁芯面積ではなく、実際に使える部分の広さである内法面積が基準になるのです。

パンフレットを見て「50平方メートル以上あるから住宅ローン減税を受けられるな！」と思っていたら、実は内法面積が50平方メートル未満であり、住宅ローン減税を受けられないために何百万も損をしてしまうというようなことは、大いにあり得ます。おおまかに言うと壁芯面積の約9割が内法面積になりますので、壁芯面積が55平方メートル以上あれば、ひとまず安心できるでしょう。

また住宅ローン減税関係だけでなく、実際に登記簿に記入をするときも、パンフレットに記載されている壁芯面積ではなく、内法面積で記入します。

この段階で「あれ？　延べ床面積が違うぞ？？」と気づくケースもあります。

不動産広告の中には、こういった紛らわしいものも多くありますので、よく注意してください。

マンション購入の味方「すまい給付金」とは？

「住宅を購入したい！」という人に対して、住宅ローン減税以外の支援策として国土交通省の「すまい給付金」(http://sumai-kyufu.jp/) が始まりました。

住宅ローン減税は「住宅ローンを組んだら、所得税・住民税を安くしてあげます！」という制度なので、収入が少ない人に対してはあまり意味がありません。

一方、「すまい給付金」は、収入が少ない人に対して「支援金」という形でお金を給付する制度です。

すまい給付金は、消費税の支払いが生じる住宅を購入した人に給付されるものです。消費税を支払わなくてはいけない住宅とは、売り主が「不動産会社」の住宅になります。これは最大で30万円という金額が給付されます。

給付される金額は年収によって異なりますが、おおまかに言って510万円以下の人が対象になります。

住宅ローン減税と違い、すまい給付金は住宅ローンを利用せず、現金で住宅を購入した人にも給付されます。その場合、年齢50歳以上で、収入額の目安が650万円以下という条件になります。

すまい給付金を受け取るには、住宅の引き渡しから1年以内に「すまい給付金事務局」に申請する必要があります。

やっぱり親は頼りになる？　住宅購入の贈与税活用法

頭金を増やす方法として一番メジャーなのは「親からお金をもらう」という方法です。頭金を増やすことで借入金額を少なくし、また返済期間を短縮できるので総支払額も減額できるという利点があります。

不動産流通経営協会が２０１４年に行った「第19回　不動産流通業に関する消費者動向調査」によると、「親からの贈与」を利用した人の割合は、新築住宅購入者で22・３％（平均８６３万円）、既存住宅購入者で14・９％（同７４６万円）でした。新築・中古ともに、贈与を受けた人は約８００万円の贈与を受けていることになり、贈与金額がかなりの高額であることがわかります（184ページ参照）。

贈与税は、税金の中でも最も厳しい税金です。１１０万円まではかかりませんが、それ以上の金額には高い税率がかかります。１０００万円を親から贈与された場合、約２３１

万円の贈与税を支払うことになります。

よく「お金は親子3代で必ずなくなる」と言いますが、まさにことわざ通り、贈与税はとても高いのです。

「贈与税はごまかせる」と言う人がいますが、税務署はそんなに甘くはありません。家を購入した際に、税務署に対していくらの住宅を購入し、どうやってお金を払ったかという詳細を報告しなければならないのです。

昔『マルサの女』という映画がありましたが、税務署の調査力は物凄いものがあります。疑わしいものがあれば徹底的に追及されますので、しっかりと正確に報告するようにしましょう。

住宅購入に際して、政府は「贈与税の非課税措置」を用意しています。これは親や祖父母から、マンションなどの購入資金を受け取った際にかかる贈与税を、最大1000万円までかからなくする、という制度です。

このとてつもなく強力な制度は2012年から始まり、2014年までの「期限付き」制度でした。しかし政府は、この非課税措置を2015年以降も継続すると決めました。制度が延長された背景としては、消費税増税による消費の落ち込みが激しいため、住宅購入意欲を促進するためとのことですから、まさにこれを利用しない手はありません。

◉図16：「第19回 不動産流通業に関する消費者動向調査結果・要旨」からの抜粋

■「親からの贈与」の平均利用額は、新築購入者で863万円、既存購入者で746万円

・自己資金のうち「親からの贈与」についてみると、新築住宅購入者が863.0万円（前年度928.6万円）、既存住宅購入者が745.7万円（前年度752.6万円）となっている。利用率は、新築住宅購入者で22.3%（対前年度比2.6ポイント減）、既存住宅購入者で14.9%（対前年度比0.2ポイント減）となった。

■利用した民間ローンの金利タイプは、「変動金利型」が59.1%
固定金利期間選択型が前年度から10.3ポイント増加して27.4%

■住宅取得等資金に係る贈与税の非課税制度の利用者は住宅購入者の10.8%

・住宅購入者に占める「住宅取得等資金に係る贈与税の非課税制度」の利用者の割合は10.8%となっている。また、世帯主の年齢別にみると、「住宅取得等資金に係る贈与税の非課税制度」の利用率は「30才～39才」が最も高く17.5%、次に「29才以下」が13.6%となっており、比較的若い世代ほど生前贈与により住宅取得が容易となっている様子がうかがえる。
・「住宅取得等資金に係る贈与税の非課税制度」が住宅購入に与えた具体的な影響については、「借入金額を少なくできた」（71.9%）が第１位、次いで「住宅を購入することができた」（34.4%）となっている。また、「当初の予定よりも立地のよい住宅を購入できた」が前年度から10.7ポイント増加して14.6%となった。

■消費税率の引き上げが今回の住宅購入に与えた影響として、「住宅購入時期を早めた」が新築購入者全体の57.3%、20代で最も高く73.7%

■売却損発生世帯は85.2%、1,000万円以上の高額売却損発生世帯は41.8%

■売却損発生世帯の平均損失額は前年度から微増し1262.6万円

■インターネットの端末として、スマートフォンやタブレットの利用率が増加

・インターネットの利用率は78.8%（対前年度0.2ポイント減）。年齢別にみると、20代から50代前半までは利用率が80%以上、「60才以上」でも利用者が51.4%。

■「既存住宅のみ」、「主に既存住宅」を探した既存住宅購入者の割合が年々増加

・住宅購入にあたって探した住宅についてみると、「既存住宅のみ」もしくは「主に既存住宅」を探した既存住宅購入者の割合は年々増加し、今年度は46.6%を占める。また、新築住宅購入者のうち既存住宅も探した購入者の割合は49.9%（対前年度比2.0ポイント減）となっている。
・既存住宅購入者の購入理由は、「希望エリアの物件だったから」（60.9%）、「手頃な価格だったから」（52.1%）、「良質な物件だったから」（42.4%）が上位３位を占めている。

第6章

最高のリフォームをするために

最高のリフォームを実現するための3つのポイント

中古マンションなどのリフォームは、とても楽しい作業です。

新築マンションとは違い、世界に一つだけの、あなたのライフスタイルに合ったマンションを造り上げるのですから、楽しくないはずがありません。

中古マンションのリフォームを成功させるためには、３つのポイントがあります。

1．図面で徹底的に打ち合わせをする

リフォーム工事の前段階として、図面でイメージの擦り合わせを行います。ここであなたの理想や要望を徹底的に設計士に伝え、図面を確実なものにしましょう。後から図面と異なったものにすることは、余計な時間とお金がかかります。

リフォームの途中で「イメージと違う」という理由で仕様を変更することもあるでしょうが、まずは徹底的に図面の段階で要望を擦り合わせ、自分の理想の住宅を描いてみてく

ださい。「こんなことができないか?」ということを、設計士に伝えるのに躊躇することはありません。相談してみたら意外と簡単にできた、というケースもあるのです。

2．予算に応じてリフォーム内容を確定させる

図面で徹底的に打ち合わせを行ったら、見積もりと照らし合わせてみましょう。もしかすると、当初の予算よりも大幅にオーバーしているかもしれません。予算に応じて、どこを削るか、どこを残すかを取捨選択しましょう。

3．リフォーム施工中にチェックに行く

リフォームの工事が始まってからでも、必ず何回か打ち合わせをする必要が出てきます。そのためにも、ぜひリフォーム工事の現場に何度も足を運んでみてください。

実際に工事中の現場を見ることで、図面では分からなかった鮮明なイメージがわいてくるはずです。リフォーム工事を行う職人さんもやはり人の子。依頼主が現場に来てくれた方が気合いが入るものです。

リフォームは「夢を現実にする作業」と言ってもいいかもしれません。ぜひ手間を惜しまず、理想の住宅づくりを楽しんでください。

こんなハズでは！
フローリングのリフォームで確認すべきポイント

築年数が経っている中古マンションの場合、価格を抑えて購入することができます。さらには、憧れのエリアや、なかなか新築マンションが出ないエリアで住宅を購入する選択肢も豊富です。

そんな築年数が経っているマンションで気をつけたいのが「どれだけリフォームを行うことができるのか？」ということです。

例えば、築年数が経っているマンションでは、床がフローリングではなく、じゅうたんやカーペットで造られているケースが多いので、「リフォームの際には床をフローリングにしよう！」と考える人もいるでしょう。

しかし、そのようなケースでは注意が必要です。

というのも「床をフローリングにするリフォームは不可」というマンションがあるから

です。それはすでに説明した「管理規約」でフローリングのリフォームが禁止されているようなケースです。

フローリングはじゅうたんやカーペットに比べて「音を遮断する効果」が弱いため、下の階に音が響きやすくなっています。特に古いマンションの場合、下の階との空間が狭いため音が響きやすく、フローリングにすると影響が大きくなるケースがあるのです。

またフローリング工事が完全に禁止なわけではなく、
①床に使う床材の性能レベルが決まっているケース
②上下左右の住戸にリフォームの同意を得なければならないケース
などもあります。

「マンションを購入したらフローリングにリフォームしたい！」という場合は、あらかじめ不動産会社に依頼をし「どこまでリフォームが許可されているか」を確認するようにしましょう。

マンションリフォームの天然素材は意外とリーズナブル！

中古マンションのリフォームの楽しみの一つは、「天然素材」が使えるということでしょう。

新築マンションの場合、どこにどのような部材を使うかは最初から決まっています。色づかいぐらいは選択できるかもしれませんが、基本的には表面にプリント加工されたシートを張った部材を使うことになるのです。

このような表面加工の部材は傷ひとつなく、とてもキレイです。しかし何年も暮らした後には劣化しますし、年を経たからといっていわゆる「味」のような雰囲気が出ることは期待できません。

一方、中古マンションのリフォームの場合、どのような部材を使うかは、飼い主が自由に決めることができます。世界にひとつだけの住宅を、あなたの手で作り上げることできるのです。

「でも天然素材って高いんじゃ……」と心配になるかもしれませんが、意外とそうでもありません。

確かに傷ひとつない天然モノは値段が非常に張りますが、少し傷の入った無垢《むく》のフローリングなどは比較的リーズナブルな価格で購入することができるのです。

傷が気になるのはしかたがないことですが、マンションで生活をしているうちに、必ず傷は生まれてきます。どんなに気をつけて使っていたとしても、どうしても傷は生じてしまうものなのです。

それであれば、最初から傷がついている天然素材はとても魅力的な選択肢になります。天然素材は人工素材と異なり、使えば使うほど「味」が出てくるものです。いつしか生活の中でついた「傷」でさえも、ひとつの味になるのが天然素材の魅力です。

天然素材を使ったリフォームを検討する際は、以上のような点も考慮してみてください。

優秀なリフォーム会社の見つけ方

リフォームにおいては、パートナーとなるリフォーム会社の選定がとても重要になります。

リフォーム会社は、会社によって得意な分野や熟練度などが様々です。最近では、リフォーム会社の評価や口コミをまとめたサイトがあるので、それらを参考にすると良いでしょう（リフォーム評価ナビ　http://www.refonavi.or.jp/）。

不動産会社からリフォーム会社を紹介されることがありますが、一度、客観的に口コミを調べてみたほうが安全です。また、友人でリフォームをした人の中で「センスがいいな」と思うところがあったら、その友人にリフォーム会社を紹介してもらうというのも良いでしょう。

リフォーム会社を判断する基準の一つとして「リフォーム瑕疵保険」を使える会社かど

うか、というポイントがあります。

リフォーム瑕疵保険は、万が一、リフォーム部分に欠陥が見つかった場合、リフォーム会社が保証してくれるという保険です。

この保険を使えば、リフォームの工事中や工事完了後に第三者の建築士によるチェックが受けられます。

リフォーム瑕疵保険はリフォームをしたすべての部分が保障範囲に含まれます。保険期間は構造耐力上で主要な部分、雨水の浸入を防止する部分は5年間、その他の部分は1年間です。

この保険を利用できるのは、国土交通大臣により指定された会社だけです。瑕疵保険を利用できる会社は「住宅瑕疵担保責任保険協会」のウェブサイトから調べて、ぜひチェックしてみてください（http://search-kashihoken.jp/）。

大手だから安心？
大手不動産会社のリフォーム事業に要注意！

リフォームを依頼する会社を探す際に、よく目にするのが「大手不動産会社のリフォーム事業」です。

マンションディベロッパーや、ハウスメーカーの大手の中にはリフォームを手がけているところが数多くあります。

しかし、「大手だから何となく安心できそう」と考えるのは、実はとても危険です。というのも、コストが非常に高くつく可能性があるからです。

通常、リフォームの見積もりは、「かかった材料費＋人件費」に対して利益を乗せて作成されます。そのため、リフォームの箇所が多ければ多いほど見積もりの項目は細かくなっていきますが、「ここにこれだけの費用がかかるからこの値段なのか」ということが一目瞭然なのです。

一方、大手の不動産会社のリフォーム事業の見積もりは、「20万円×延べ床面積」というようにとてもザックリとした見積もりになっています。

そして何かにつけてオプション費用がかかり、総額として想定よりも大きな金額になってしまう傾向があるのです。

詳細な見積もりがあれば「ここはいらないので削ってください」というような要望を伝えたり、「この部品のパーツはグレードを下げてください」という選択をすることによって、予算のコントロールが可能です。しかし「20万円×延べ床面積」といったアバウトな見積もりでは、「どこまでリフォームをしたらいくらになるんだろう?」ということがまったくわかりません。

大手不動産会社の場合、新築で建物を建てるのであれば、同一の部材を大量購入することでコストを抑えることが可能です。

しかしリフォームの場合は、一つ一つの建物に対して手作りでリフォームをするため、大手としてのスケールメリットが実は働きにくいのです。

また「大手の不動産会社だから少し高くても安心できる」という声も聞きますが、実は安全性についても疑問がまったくないわけではありません。というのも、大手の不動産会社にリフォームを依頼したとしても、実際に現場でリフォームを行うのは地元の工務店であることが多いからです。

大手の不動産会社は確かにリフォームの設計は行いますが、マージン（利益）を乗せて工務店に仕事を丸投げします。

万が一、この工務店のレベルやモラルが低かった場合は、大手といえどもリフォームの品質が下がってしまう可能性があるのです。

覚えれば簡単！　リフォームしやすいマンションとは

中古のマンションを購入してリフォームを検討する際、「はたしてこのマンションはリフォームできるかな？」ということが気になります。

マンションがリフォームできるかどうかは、マンションの構造によって事情が異なってきます。大きく分けてマンションの構造は次の2種類に分けられます。

・ラーメン構造

・壁式構造

ラーメン構造とは、梁《はり》や柱で建物を支える構造をいい、中高層マンションでは一般的な方式になっています。

一方、壁式構造とは、梁や柱がなく、壁で建物を支える構造です。共同住宅や、4階以下の低層マンションで見られる工法になっています。

間取りの変更など、大規模なリフォームをする際は「ラーメン構造」の方が向いています。ラーメン構造の方が壁を取り除きやすいのです。

また最近のマンションでは「スケルトン・インフィル」で作られるものも増えてきました。「スケルトン・インフィル」では柱や梁といった躯体部分と、内装・設備部分を分離させた構造のことで、リフォームの柔軟性が高いのが特徴です。

元々柱や梁といった躯体部分は、内装・設備部分に比べて耐用年数が極めて長く、長年使い続けることができます。

従来の日本の住宅は柱や梁といった躯体部分と内装・設備部分が一体化していたため「内装がボロボロになったら、そのマンションの寿命も終わりだよね」というような考え方でした。

しかし「スケルトン・インフィル」では簡単に内装・設備のリフォームや、配管の交換などができるので、資産価値の高い「長く住み続けられる」マンションと言うことができるのです。

リノベーションマンションは本当にお得？

中古マンションの中には「リノベーションマンション」というものがあります。「リノベーションマンション」とは、不動産会社が中古マンションを購入し、リフォームをした上で売りに出すマンションのことを言います。中古マンションであることに変わりありませんが、不動産会社がリフォームをした後に売りに出すので、とてもキレイなのが特徴です。

中古マンションとリノベーションマンションでは、圧倒的にリノベーションマンションの方が売れ行きが良いのです。

また新築マンションと比べてみても価格が安く、デザイナーズマンションのようなセンスの良いリノベーションマンションが多いのも人気の理由になっているようです。

このようにとても人気のあるリノベーションマンションですが、難点は新築マンション

◉図17：リノベーションマンション

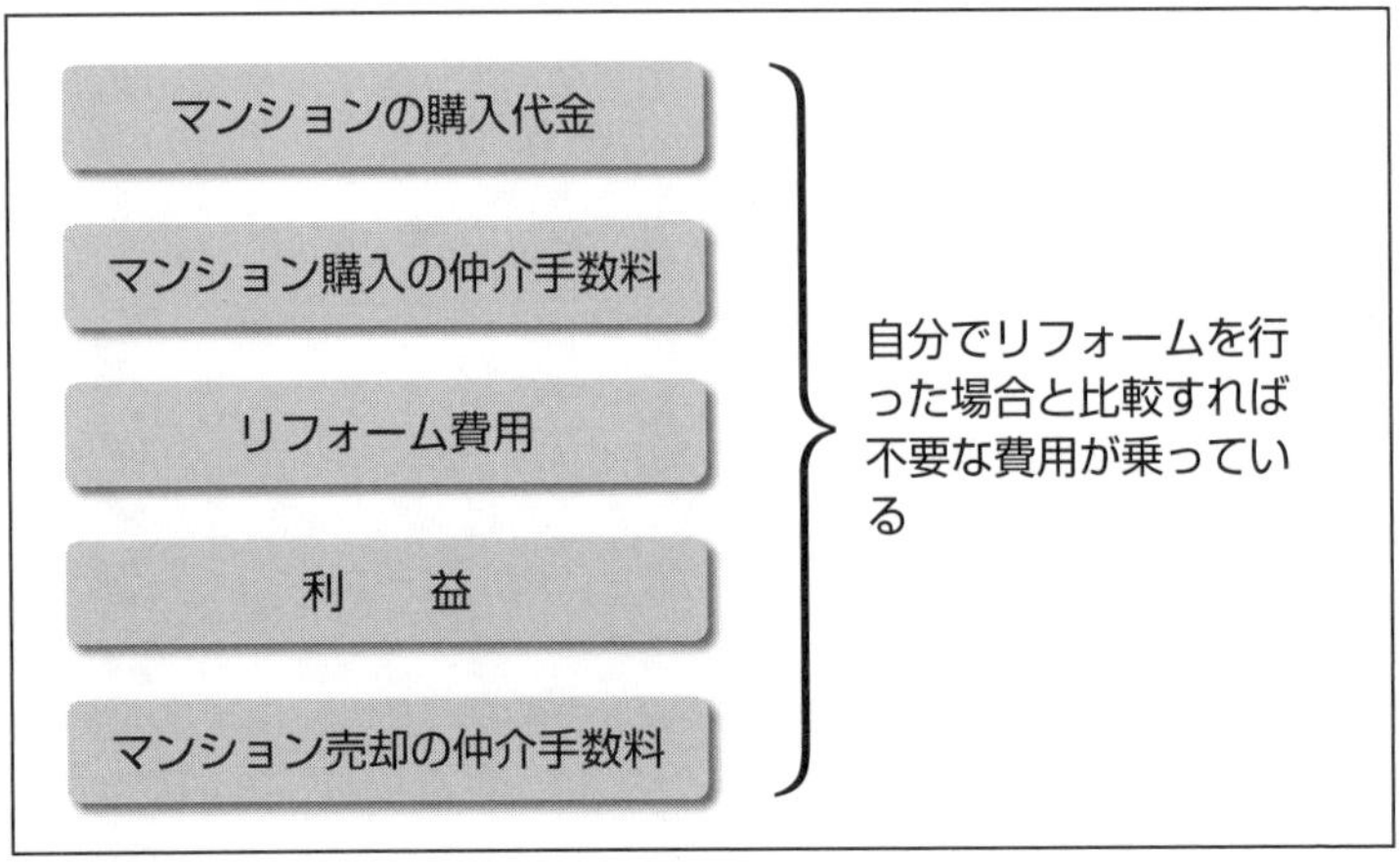

よりは安いにしても、やはり費用対効果でみると「価格が高い」ということです。

不動産会社がリノベーションマンションを造るには、仲介手数料を支払って中古マンションを購入し、リフォームを行い、自社の利益を乗せた後で営業コストをかけて販売を行います。通常のリフォームであれば必要のないコストがかかってしまっている分、リノベーションマンションは割高になってしまうのです。

正直な話、リノベーション会社が行うリフォームは、実際には200〜300万円程度あれば十分にできるものです。

しかしリノベーション前のマンションと比べて、リノベーション住宅は約1000万円程度も値段が上がってしまうのです。それでも新築マンションと比べると価格が安いため、どんどん売れて行くのです。

　確かにリノベーションマンションは見栄えもよく、見学をした際にすぐに気に入ってしまうような物件も多いと思います。

　しかし、逆の見方をすれば、リノベーションマンションのようなリフォームは、自分で購入した中古マンションでも行うことが可能です。自分でリフォームをすれば、700〜800万円ほども費用を浮かせることができます。

　リノベーションマンションを気に入った場合は、一度「同じようなリフォームが自分で買った中古マンションでもできないかな？」と考えてみてください。

リフォームで住宅ローン減税を利用する方法

リフォームの金額は、どの部分をどれだけリフォームするかによって変わりますが、概ね50万〜４００万ほどの金額がかかります。

意外に知られていないのですが、実はこのリフォームの金額に対して、住宅ローン減税を利用することができます。

リフォーム代金で住宅ローン減税を受けるためには、「リフォーム代金に対して10年以上のローンを組むこと」「１００万円以上のリフォーム工事を行うこと」という条件に加え、次の条件のどれかを満たす必要があります。

・増改築、建築基準法に規定する大規模な修繕または大規模な模様替え工事であること
・マンションの専有部分の床、階段または壁の過半について行う一定の修繕・模様替え

の工事であること
・家屋のうち居室、調理室、浴室、便所、洗面所、納戸、玄関または廊下の一室の床または壁の全部について行う修繕・模様替えの工事であること
・耐震改修工事であること
・一定のバリアフリー改修工事であること
・一定の省エネ工事であること

控除の金額は、なんと住宅ローン減税と同じで、最大400万円です。
住宅の購入金額に対しての住宅ローンと併用できることも特徴です。

おわりに〜住宅購入で一番大事なこと

住宅の購入は、人生で何度もあることではありません。

多くの人が、一回ないしは二回しか住宅の購入をしません。

そして、住宅の購入は間違いなく人生で一番高い買い物です。


住宅の購入は、理想のライフスタイル実現のための手段なのかもしれません。

もちろん人によっては「一ヶ所に留まりたくない」と賃貸住宅を利用するライフスタイルの人もいます。

しかし住宅を購入することで、自分の理想通りの間取り、環境、生活を実現できるようになるという面もあります。

私は家に関して、とても強く記憶に残っていることがあります。それは両親が、マイホームを購入したときの思い出です。私の家族は、父親の会社のとても狭い社宅に住んでいました。狭い上に床が薄く、子供の私が走り回ると下の階から毎回クレームをもらうような社宅でした。

そんなある日、父が一念発起し中古で住宅を購入したのです。子供だった私はその家に入った瞬間、とても感動しました。明るいリビング、広々としたキッチン、自分の部屋。前に住んでいたご夫妻が大事に使っていたその家は、とても良い状態が保たれていました。この家に住めることが、私は嬉しくて嬉しくてたまりませんでした。その嬉しさを感じたとき「家っていいな」という思いが強く記憶に残り、今の仕事をするきっかけになったと思っています。

日本の不動産業界にはいまだ未成熟な面が残っており、正しい知識なしに住宅を購入することは危険だ、というのが現状です。特に中古住宅はエリア、価格もバラバラで、統一の物差しがなく、いざ検討を始めても戸惑うことばかりだと思います。

運悪く契約を急がせる営業マンに当たってしまうと、自分の理想とはかけ離れた住宅を購入してしまい、後悔することになりかねません。

住宅購入で一番大事なことは「正しい知識を身につけること」と「焦らないこと」だと思います。

正しい知識を身につけ、自分で自分の身を守る。

営業マンに惑わされることなく、自分の中に判断の物差しを持つ。

この2つを守れば、おのずと自分の理想のマンション購入に近づくはずです。

本書は、マンション購入を考えている皆様に「正しい知識を身につけてもらうこと」を目的として執筆しました。

皆様の、理想の住宅探しのお役に立てるならば、これ以上の幸せはありません。


株式会社Ｈｏｕｓｍａｒｔ代表取締役　針山昌幸

針山昌幸（はりやま　まさゆき）
一橋大学経済学部卒業後、大手不動産会社で不動産仲介、用地の仕入、住宅の企画などを担当。顧客の利益が無視された不動産業界の慣習や仕組みを変えたいと志す。楽天株式会社に入社。大手企業に対し、マーケティング、ビッグデータ、インターネットビジネスのノウハウをもとにコンサルティング活動に従事する。2014年、株式会社Housmartを設立して独立、代表取締役社長に就任。日本初の不動産売買プラットフォーム「Housmart」の運営、最新のマーケティング手法を駆使した中古マンションの売買を行っている。

株式会社 Housmart
http://housmart.com/journal
TEL&FAX 03-6276-4963

中古《ちゅうこ》マンション本当《ほんとう》にかしこい買《か》い方《かた》・選《えら》び方《かた》

2015年4月1日　初版発行

著　者　針山昌幸
発行者　吉田啓二

発行所　株式会社日本実業出版社　東京都文京区本郷3－2－12 〒113-0033
大阪市北区西天満6－8－1 〒530-0047
編集部　☎03-3814-5651
営業部　☎03-3814-5161　振　替　00170－1－25349
http://www.njg.co.jp/

印刷／理想社　製本／共栄社

この本の内容についてのお問合せは、書面かFAX（03－3818－2723）にてお願い致します。
落丁・乱丁本は、送料小社負担にて、お取り替え致します。

ISBN 978-4-534-05270-4　Printed in JAPAN